KB190700

지원규 박사님의 『가정 예배 훈련』을 읽으며 가정 예배의 중요성을 재차 생각하게 되었습니다. 즉, 비록 성도는 교회(정해진 공간)에 모여 정해진 날에 예배를 드리지만, 사실 사도 바울께서 가르치신바 성도의 삶 자체가 "하나님이 기뻐하시는 거룩한 산 제물"로 드릴 "영적 예배"(롬 12:1)라는 점을 고려할 때, 성도의 삶의 근간이 되고 많은 시간을 보내는 가정이 무엇보다 예배처가 되어야 한다는 것입니다! 본서는 이러한 기대가 이뤄질 수 있도록 돕는 안내서입니다. 총신대학교에서 신학 공부를 시작한 이후 목회학 박사까지 연구를 하고, 현재는 여산중앙교회를 담임하며 사명을 감당하고 있는 저자가 "가정 예배 훈련을 실행하는 가장 큰 이유는 성도들의 각 가정에 가정 예배가 정착되도록 돕는 데에 있습니다."라고 직접 밝혔듯이, 본서를 접하는 성도님들은 본서의 안내에 따라 더욱 온전한 방식으로 가정 예배를 이해하고 드릴 수 있게 될 것입니다. 이에 본서를 가정 예배의 회복과 축복을 소망하는 분들께 강력히 추천합니다.

김주한(총신대학교 신학과 신약신학 교수)

아름다운 정원이 있습니다. 나무가 푸르게 자라고 꽃이 피고 열매가 맺혔습니다. 벌과 나비가 찾아오고, 솔바람을 타고 향긋한 꽃내음이 정원에 가득합니다. 그 아름다운 정원은 그냥 만들어지지 않았습니다. 날마다 물을 주고 때때로 땅을 파고 거름도 주었습니다. 금세 생기고 자라는 잡초도 날마다 뽑아 주어야 합니다. 바르게 자라도록 가지치기도 해 주어야 합니다. 그러나 아름다운 정원을 쉽게 망치는 방법도 있습니다. 그냥 버려두면 됩니다. 물도 주지 않고 풀도 뽑아 주지 않고 그냥 내버려 두면 금세 잡초가 자라고 거미줄이 흉물스럽게 처집니다. 잠시만 정성과 관심을 주지 않아도 정원은 쉽게 망가집니다.

가정(家庭)은 정원입니다. 가정의 의미는 '집 안에 있는 뜰, 집 안에 있는 마당'입니다. 집 안에 있는 정원이라는 말입니다. 그러므로 날마다 정성스럽게 가꾸고 관심을 가지고 가꾸어 가는 것이 가정입니다. 정원에 물을 주듯이 날마다 기도하고 대화하고 격려하고 칭찬하며 만들어 가야 합니다. 우리들의 가정을 아름다운 정원으로 가꾸는데 가장 우선되어야 하는 것이 무엇일까요? 가정예배입니다.

이번에 지원규 목사님께서 『가정예배훈련』이란 책을 저술하게 된 것은 너무도 반갑고 기쁜 일입니다. 지원규 목사님은 『가정예배 정착을 위한 가정예배 훈련에 관한 연구』로 박사학위를 받으신 가정예배 전문가이십니다. 가정예배를 전문적으로 연구한 박사님이 탄생한 것도 감사한데, 가정예배 훈련을 위한 전문적인 책이 출간된 것은 한국교회의 경사입니다.

이번에 출간된 지원규 목사님의 『가정예배훈련』은 교과서적인 책입니다. 가정 예배의 의미는 물론 가정 예배의 필요성과 유익한 점을 다루고 있습니다. 나아가 가정예배의 성서적 배경과 교회사적인 배경을 다루고 있어서 읽는 이로 하여금 탄탄한 신앙적 지식을 가질 수 있게 합니다. 그리고 가정이란 무엇인지, 부모는 어떤 역할을 해야 하는지, 가정예배를 드리는 방법까지 다루고 있습니다. 가정예배에 관한 교과서라고 할 수 있습니다.

큰 기대를 합니다. 지금까지 한국교회는 가정예배를 강조하였지만 가정예배를 교육하거나 구체적으로 훈련하는 분야가 매우 연약하였습니다. 이제 지원규 목사님과 한국교회를 넘어 세계교회에 가정예배를 확산하는 운동을 꿈

꾸어 봅니다. 이번에 출간된『가정예배훈련』은 그렇게 활용되어질 것입니다. 다시 한번 축하드리며, 한국교회에 이 책을 적극적으로 추천합니다.

박도훈 박사(청주은파교회 담임목사, 한국가정예배훈련학교 대표)

지원규 목사님의 가정예배 훈련은 매우 실제적인 지침서이자 도구입니다. 가정예배에 대한 성경과 교회사의 가르침을 잘 설명하여 주고 있습니다. 가정예배는 교회에 주신 하나님의 귀한 선물입니다. 그런데 한국교회는 이 선물을 제대로 사용하지 못하였습니다. 가정예배의 상실이 오늘 한국교회의 탈교회 현상을 가져오지 않았나 생각합니다. 또다른 측면에서 가정예배에 대한 경직된 태도로 인하여 부정적인 결과가 나온 것은 아닌지 돌아보게 됩니다.

이러한 충돌 가운데 균형잡힌 훈련서가 나왔다고 할 수 있습니다. 한국교회에 잘 적용될 수 있고, 문답을 통하여 가정예배에 대한 개인과 교회 공동체의 현실을 제대로 진단할 수 있는 매우 유익한 책입니다

집집마다 한 권씩 구비하여 가정예배가 다시 회복되고, 성도들의 신앙이 자라나고, 한국교회가 힘을 얻는 거름이 되기를 기대합니다. 독자의 시각에 맞도록 저술된 이 책이 한국교회를 살리는 작은 불쏘시개가 되기를 바라면서 추천합니다.

신동식 목사(빛과소금교회 담임목사, 기윤실 교회신뢰운동본부장)

성경적 가정예배를 위한 실제적 가이드

가정예배 훈련

지원규 지음

가정예배훈련

펴낸날 : 2024년 1월 15일 초판 1쇄

글쓴이 : 지원규

펴낸이 : 신덕례

편집 : 권혜영

교열교정 : 허우주

디자인 : 김선

유통 : 기독교출판유통

펴낸곳 : 우리시대

경기 고양시 덕양구 마상로 102번길 53

SNS f. woorigeneration

Email woorigeneration@gmail.com

들어가는 말

 가정 예배 훈련은 가정 예배의 본질을 회복하고 하나님께서 기뻐하시는 가정 예배가 이루어지도록 하기 위함입니다. 우리 가정에서 드리는 예배가 하나님께 온전히 드려지고, 가정 예배를 통해 우리의 삶과 우리 가정이 변화되는 것을 목표로 삼습니다. 저는 이 가정 예배 훈련 과정을 통하여 가정을 하나님께서 기뻐하시는 가정으로 세워가게 되기를 기대합니다. 더 나아가 한국 교회에 가정 예배의 회복이 일어나고, 가정 예배를 통해 하나님과 더욱 깊이 만날 수 있는 가정이 되기를 소망합니다.

교육 내용

 가정 예배 훈련 프로그램은 모두 9주에 걸쳐 진행되며, 세 단계로 분류됩니다.

 첫 번째 단계는 가정 예배에 대한 이해를 다지는 과정입니다. 가정 예배가 어떤 의미를 갖는지, 가정 예배의 본질은 무엇인지에 대해서 살펴봅니다. 또한 가정 예배가 얼마나 중요하고 유익한지에 대해 정리하는 시간을 갖습니다. 이와 함께 성경에 등장한 가정 예배를 살펴봅니다. 성경에 나타난 가정 예배의 모습을 살펴보면서 성경에서 말하는 가정 예배가 회복되도록 돕습니다.

 두 번째 단계는 가정 예배를 구성하는 모든 것들이 하나님께 영광이 될 수 있도록 가정 예배의 요소들을 하나하나 살펴봅니다. 찬양과 기도, 말씀과 교제 이 모두가 가정 예배의 자리에서 하나님께 온전히 드려질 수 있도록 점검해보고 그 본질을 배우는 시간을 갖습니다.

 세 번째 단계는 가정에서 예배를 드릴 때 어떤 자세를 갖고 어떤 준비를 해야 하는지, 또한 예배가 삶으로 이어지기 위해서는 어떻

게 해야 하는지 배웁니다. 그리하여 가정 예배가 우리 가정의 삶의
전반에 흐를 수 있도록 돕습니다.

1주

1주. 가정 예배의 의미와 근거

이 장에서는 가정 예배의 의미와 본질에 대해서 알도록 하고, 가정 예배의 신학적 근거가 무엇인지 알도록 합니다.

배움과 익힘

가정 예배의 의미

가정 예배는 가정 안에서 가족 구성원들이 함께 하나님을 예배하는 것입니다. 가정 예배에 대한 이해에 앞서 예배의 의미를 먼저 살펴보겠습니다. 예배는 일반적으로 유한한 인간들이 절대자이시며 무한한 하나님에 대하여 존경과 숭배를 표현하는 행위로서 종교의 가장 본질적인 요소이기 때문에 어느 종교에나 있지만, 예배의 정신과 양식은 종교마다 일정하지 않습니다. 이러한 의미에서 기독교의 예배는 독자적인 근거와 뜻을 지니고 있습니다. 예배란 지극히 높고 거룩하신 하나님께 몸과 마음과 정성과 목숨을 다 기울여 경배하는 가장 경건한 하나의 의식이라고 할 수 있습니다.[1]

하나님을 경외하며 영광 돌려드리는 표현으로 예배란 용어가 가지는 뜻을 풀이해 보면 구약에서는 히브리어 "샤하"란 말이 가장 많이 쓰이는데 이 말은 하나님께 완전히 복종하는 뜻으로 예배자가 겸비한 자세를 취하는 것을 의미합니다.[2] 또한 예배라는 용어로 쓰인 "아비라"라는 말은 "종의 신분으로 섬긴다"라는 의미가 있습니다. 신약에서 예배를 뜻하는 대표적인 헬라어 "프로스퀘네오"라는 말은 종이 주인을 문안하면서 존경하는 뜻으로 머리를 조아려 발에 입을 맞추는 것을 의미했습니다.[3] 그러므로 예배는 인간이 하나님을 향하여 존경과 경외심을 다하는 엄숙한 행위로 보아야 할 것이며, 유일한 예배 대상인 하나님에 대하여 진정을 다하여 경외하는 마음으로 경배하고, 그의 높으심과 은총을 찬양하며, 섬기는 거룩한 행위입니다.[4] 영어에서 예배는 앵글로 색슨어에서 유래가 되었으며, '가치가 있는 대상에 대한 인정'이라는 뜻을 갖습니다. 줄여서 말하자면 예배는 우주 만물을 창조하신 하나님을 경배하는 것이기 때문에 '가치가 있는 일'입니다.[5] 영어 단어인 'worship'도 원래 'worth'(weorth에서 옴)와 'ship'(scipe에서 옴)의 합성어로 '신적 존재에게 존경과 헌신을 드린다' 또는 '종교적인 존경과 경의를 드린다'라는 뜻으로 사용되었습니다. 정장복의 책 '예배학 개론'에서 예배의 우리말 뜻으로 '신을 신앙하고 숭배하면서 그 대상을 경배하는 행위 및 그 양식'으로 정의하고 있으며, 우리말은 기독교 예배의 본질적인 의미와 매우 가까운 관계로 말하고 있습니다.[6] 예배에 대한 새 우리말 큰 사전의 의미를 찾아보면 "교회당에서 신자가 기도하는 종교적 의식의 한 가지"라고 나옵니다.[7] 예배의 한자 '예'(禮)는 넓은 의미로 '풍속이나 습관으로 형성된 행위 규칙, 도덕 등 각종 예절'을 의미하고, '배'(拜)는 절을 뜻하는 것으로, 상대에 대한 경외심을 표현하는 최고의 예절입니다. 그러므로 '예배'는 '신적 대상을 향한 최고의 경배 의식'이라고 의역할 수 있습니다. 예배는 경의를 표하는 대상의 가치를 인지하거나 묘사하기 위해 의도된 태도와 행위입니다. 예배는 전례만 아니라 신앙심까지도 포괄하는 경건한 생활의 총체를 의미합니다.[8]

교회의 역사는 하나님과의 바른 관계를 갖는 가정을 중심으로 발전해 왔습니다. 하나님은 예배를 통해서 그들을 만났고, 이러한 만남은 지금도 계속됩니다.[9] 이렇듯 예배는 하나님과의 만남이 반드시 있어야 합니다. 그런데 하나님과의 만남이 꼭 교회에서만 이루어지는 것으로 국한될 수는 없습니다. 하나님은 무소 부재하시고 어디서든지 만날 수 있는 분이시기 때문에 예배는 교회에서만 아니라 어디서든 가능합니다. 이렇게 볼 때 가정 예배는 가정에서 모든 가족 구성원들이 한자리에 모여 하나님을 예배하는 것이며, 가정 예배는 경건한 그리스도인들에게 위임된 특성이며 또한 교회의 특징입니다.[10]

종교개혁자인 루터(Martin Luther)는 부모를 하나님께서 세우신 가정의 목회자라고 하였고 가정은 작은 교회라고 했습니다.[11] 웨스트민스터 신앙 고백은 가정 예배를 "하나님을 신령과 진정으로써 가족과 가정의 식구들이 제각기 은밀하게, 매일 매일" 드리는 것이라 규정하고 있습니다. 이에 대해 아치볼드 하지(Archibald. A. Hodge)는 웨스트민스터 신앙고백서 해설서에서 이 부분을 다

음과 같이 설명하였습니다:

"집회에서 드리는 공중 예배 이외에 각 개인의 비밀히 단독으로 드리는 예배와 기도, 그리고 각 가정이 사사로이 드리는 예배와 기도는 필수적인 의무다. 은밀한 예배를 우리 주께서는 아주 분명히 명령하셨다(마 6:6, 엡 6:18). 이 의무를 이행할 때 모두 단독으로 기도와 성경 읽기, 거룩한 명상과 진지한 자기반성에 시간을 얼마만큼 드려야 한다. 이 의무를 양심적으로 다 하는 데서 얻은 이점은 충분히 이를 행한 사람들이 가장 잘 안다."[12]

단지 일주일 마다가 아니라 하나님께서 받으실 만한 예배를 매일 하는 것이 우리의 거룩한 의무입니다. 주일날 성회로 모여 공적 예배를 드리는 것에 더해서 우리는 혼자서 뿐만 아니라 가족들과 함께 예배를 날마다 하나님께 드려야만 합니다. 우리는 기도로 말씀 공부로 그리고 은밀히 드리는 예배와 가정 예배로 하나님의 임재로 들어가야 합니다.[13]

요한복음 4장에는 예수님께서 사마리아의 어떤 여인과 대화하던 일이 기록되어 있는데, 그 대화의 중심에는 '정함'과 '부정함' 그리고 '예배드릴 곳'에 관한 주제들이 자리하고 있습니다. 특별히 예배드릴 장소에 관련한 사마리아 여인의 물음에 대해 예수님께서는 요한복음 4장 21절에서 "이 산에서도 말고 예루살렘에서도 말고 너희가 아버지께 예배할 때가 이르리라"라고 하시고, 또한 요한 복음 4장 24절에서 "하나님은 영이시니 예배하는 자가 영과 진리로 예배할지니라"라고 하시어 어디에서 예배하느냐의 문제가 아니라 복음의 진리 가운데서 드리는 것에 영적 예배의 본질이 있음을 분명하게 말씀하셨습니다.[14]

가정 예배는 예수 그리스도를 구주로 영접한 기독교 가정에서 가족 구성원들이 하나님에 관한 믿음으로 가정에서 예배하는 것을 말하며 예수 그리스도를 가정의 주인으로 모시는 가정에서 드리는 예배입니다. 기독교 가정은 예수 그리스도를 주로 영접한 기관이기에 그 자체가 살아있는 교회의 한 단위이며 하나님께 예배를 드리고 선교의 역할을 하는 축소된 교회라고 할 수 있습니다.[15] 그러므로 하나님을 믿는 가정은 모든 가족 구성원들이 함께 모여 하나님을 예배해야 합니다. 가정 예배는 기독교 가정에서 가족 구성원들이 함께 하나님을 예배함으로 하나님의 은혜와 사랑을 확인하고 가족 구성원 간의 사랑을 이루는 가족 공동체의 예배이고 이웃을 향한 선교와 구제와 섬김으로 이어질 수 있는 방편입니다. 또한 은혜의 보좌 앞에 오순도순 모여 앉아 하나님의 말씀으로 양육되고 공급받고, 힘을 얻고 치유함을 받는 자리가 가정 예배입니다.[16] 가정 예배는 하나님이 없는 것처럼 여기는 이 세상에서 입으로 마음으로 하나님을 인정하고 고백하는 구별된 자리입니다. 가정 예배는 가족이 모여 하나님을 기억하고 감사하는 것입니다.[17] 가정 예배에 대한 정의는 예배와 연결되어 있으므로 따로 구분하기보다는 똑같은 예배로서 가정에서 드린다는 장소의 구분에 불과합니다. 소요리 문답 첫 번째 내용은 사람이 제일 되는 목적은 하나님을 영화롭게 하고 영원히 그분을 즐거워하는 것입니다. 그래서 가정 예배는 하나님의 명령과 축복의 현장입니다.[18] 성도는 항상 하나님을 예배하는 삶을 살아야 하며, 교회만 아니라 가정에서 예배하는 것은 당연하므로 가정에서 예배하는 신앙공동체를 형성해야 합니다. 호레스 부쉬넬(Horace Bushnell)은 "가정은 하나님의 성령이 깃드는 곳이며 신앙적 부모나 자녀 사이의 관계와 분위기 속에서 역사하시는 신의 은총의 매개"라 하였습니다.[19] 가정을 신앙 교육의 장이라 볼 때 가정 예배를 소홀히 할 수는 없습니다. 가정 예배는 신앙을 계승하는 데 있어서 커다란 도움이 됩니다.[20]

가정 예배의 신학적 근거

신론

하나님을 예배하는 것은 성도의 마땅한 본분입니다. 예배는 예배당 안에서만 이루어지는 것이 아니라 성도의 모든 삶을 통하여 이루어지는 것인데 특히 성도의 삶의 많은 시간을 보내는 가정에서 예배를 드리는 것은 삶의 많은 부분을 예배를 통하여 하나님께 맡겨드리는 것과 연관이 있습니다.

교회론

교회의 첫 째 의무는 하나님을 예배하는 것으로, 교회에 속한 하나님의 백성들은 날마다 하나님을 예배해야 할 의무가 있습니다.

이는 시간과 장소의 구분이 없으니 성도가 가정에서 예배하는 것은 마땅한 의무입니다. 교회의 의무 두번째는 '건덕'입니다. '건덕'이란 양육을 뜻하는데 예배를 통하여 성도는 더욱 양육을 받아 하나님께서 보시기에 합당한 모습을 갖게 될 것입니다. 교회의 의무 세번째는 전도입니다. 가정 예배의 의의 중 또 하나는 가정 예배 자체가 가정의 신앙고백 행위일 뿐 아니라 한 걸음 더 나아가 이웃에게 복음을 증거하는 행위가 되기도 합니다. 가정의 울타리를 넘어 이웃 사람들에게 들리는 찬송 소리와 기도 소리는 때론 비난의 대상이 되기도 하지만, 그 신실한 예배 행위는 이웃 사람들의 마음을 움직이는 결과를 낳습니다. 가족이 모여 예배하는 즐거움이 이웃에게 보이고 목소리를 모아 부르는 찬양이 가정의 화목을 드러낸다면, 이웃 사람들이 부러워하는 천국 가정이 될 것이며 결국 주님께 영광 돌리는 아름다운 결과가 나타날 것입니다.

구원론

구원받은 성도는 이 땅에서 성화의 삶을 살아야 하는데 교회에서의 예배만이 아니라 가정에서의 예배를 통해서도 매 순간 거룩한 삶에 정진할 힘을 얻게 됩니다.[21]

더불어 나눔

(1) 가정 예배를 통해 행복했던 경험을 나누어 봅시다.

(2) 가정 예배를 통해 우리 가족이 하나님과 만나는 것이 얼마나 영광스러운 일인지 기억하며 감격이 넘치는 가정 예배가 될 수 있기를 간구합시다.

마음에 새기기

(1) 예배의 의미를 잘 알고 있었는지 나누어 봅시다.

(2) 가정 예배에 대해 어떠한 생각을 하고 있었는지 나누어 봅시다.

(3) 가정 예배의 신학적 근거를 되새겨 봅시다.

2주

2주. 가정 예배의 필요성과 효과 및 유익

 이 장에서는 가정 예배가 왜 필요하고 우리 가정에 어떤 유익을 주는지 살펴보겠습니다.

배움과 익힘

가정 예배의 필요성

 가정은 집을 짓는 것과 같아서 하나님의 말씀으로 가족을 위한 기초를 확고히 세우고, 영생을 향한 집을 짓기 위해 주님의 사랑 안에서 집을 세워야 합니다. 가정에서 아이가 출생하여 어머니의 기도를 들으며 찬송가와 성경 말씀을 들으면서 안정감을 느끼고 서로를 신뢰하고 사랑하며 성장할 수 있도록 복음의 의미를 구체화할 수 있는 가정 의식을 형성해야 합니다. 이것이 가정 예배입니다. 예배는 가족을 결속시키는 영적인 힘으로 가정 예배를 하는 습관을 들여야 합니다.[22]

 가정이 신앙공동체가 되는 것은 그 무엇보다 가정 안에 예배가 있는 것을 의미합니다. 부모가 모든 삶의 순간을 신앙적으로 사는 것도 중요하지만, 특별한 순간을 구별하여 부모와 자녀가 함께 하나님께 드리는 가정 예배 또한 중요합니다. 가정 예배는 가정을 작은 교회가 되게 하고, 동시에 일상적 삶의 공간에서 예배를 드리는 행위를 통해 자녀들에게 예배가 삶의 일부가 된다는 것을 가르칠 수 있습니다.[23] 가정 예배는 가정에서 기독교 정신을 창조하는 데 있어서 커다란 도움이 될 수 있습니다.[24] 가정 예배는 기독교 공동체의 생명이요 삶의 내용입니다. 신앙공동체로서의 가정은 행복한 보금자리이며, 예배하는 책임과 특권과 영광이 머무는 곳입니다.[25] 이 모든 것은 성경에 근거를 두고 있습니다. 하나님과 그의 백성들과 맺은 언약은 가정의 우두머리인 가장들과 맺은 것인데, 성경 전체를 통해서 볼 때, 가족이란 가정 안에서나 회중 속에서 하나님께 예배하는 기본 단위였습니다. 그러므로 가정 예배는 하나님께서 요구하시는 것입니다. 신구약을 포괄하는 역사를 통틀어 가정은 하나님을 예배하기 위한 중요한 배경이 되어 왔습니다.[26]

첫째, 가정 예배를 통해 부모는 자녀에게 영적인 영향력을 끼치며 부부간에는 서로 사랑과 존경을 키울 수 있고, 이는 가정을 세우신 하나님을 경외하는 마음에서 비롯됩니다. 그리고 가정 예배는 어린 자녀의 신앙을 형성하게 하고 하나님을 알게 하는 데 있어 매우 중요한 역할을 합니다. 부모는 가정 예배를 드림으로 하나님의 구원 계획과 예수님의 구원 실행, 성령님의 구원 적용을 자녀들에게 알려줄 수 있습니다.

둘째, 가정 예배를 드림으로 성경 말씀을 배웁니다. 하나님께서 신명기 6:7에서 이스라엘 백성들에게 이르시기를 "네 자녀에게 부지런히 가르치며"라고 하셨습니다. 부모는 자녀에게 하나님의 말씀을 부지런히 가르쳐야 하는데 그러기 위해서 매일같이 가정 예배를 드리는 것은 아주 중요합니다. 그러면서 자녀가 평소 궁금해했던 난해한 성경 말씀에 대해서 부모에게 묻고, 또 부모는 그 말씀을 연구하고, 풀어주면서 말씀을 좀 더 체계 있게 배울 수 있습니다. 예배 중에 중요한 부분이나 이해하기 힘든 부분을 자연스럽게 토론하며 연구할 수 있고 체계적으로 배울 수도 있습니다. 때로는 그림 성경을 이용하거나 그 외 보조재를 이용해서 재미를 곁들인다면 자녀들의 가정 예배에 대한 인식이 성경 말씀을 배우는 시간으로 여기게 될 것입니다. 그러면서 점차 자녀들이 하나님의 말씀에 귀를 기울이게 되고 말씀에 대한 흥미를 갖게 될 것입니다.

셋째, 가정 예배를 통해 기도를 배웁니다. 부모가 기도하는 모습을 먼저 보이고, 자녀는 부모를 통해 기도를 배웁니다. 말씀을 나눈 후에 말씀에 대한 적용으로써 기도, 가족 구성원 각자의 기도 제목을 나누어 함께 하는 기도, 교회와 나라와 민족을 위하는 기도, 어려움 중에 있는 이들을 위한 기도 등을 함으로 기도에 대해 배우고, 기도 훈련까지 할 수 있습니다.

넷째, 가정 예배를 통해 가족이 더욱 화목하게 됩니다. 늘 바쁘게 살아가는 가운데 예배를 드리기 위해 한 장소에 모여서 한마음으로 하나님을 예배하고, 말씀을 통해 삶의 의미를 깨닫고, 또 함께 하나님의 뜻을 구하는 모습, 그리고 무엇보다 기도 제목을 나누면서 서로의 생각, 고민을 듣고, 위해서 기도해 주는 시간이므로 가정 예배를 통해 서로에 대해 더 많이 알아가고 사랑을 키워가는 시간으로 만들 수 있습니다. 부모는 자녀를 더욱 하나님 말씀대로 양육하려는 의지가 생기게 되고, 자녀는 부모의 사랑을 눈앞에서 확인할 수 있는 시간이 가정 예배 시간입니다.[27]

그러므로 가정 예배는 예수를 믿는 가정에서 가족들이 함께 거룩하신 하나님 앞에 나아와 감사와 찬양과 경배를 올려 드리고, 하나님의 은혜를 맛보고 가족 간에 서로 사랑과 용서를 누리는 오직 가족만을 위한 예배이며, 이를 통해 가정의 믿음을 더욱 굳세게 함으로 나아가 이웃들을 향한 전도와 구제와 섬김의 자리까지 이어질 수 있는 예배라고 할 것입니다.

가정 예배의 효과

가정 예배는 이 땅의 수많은 그리스도인에게 강력한 영향을 끼칩니다. 가정 예배는 출애굽한 이스라엘 백성이 광야에서 아침마다 만나를 얻었듯이 우리의 가정에 매일같이 공급되는 영적인 만나와 같아서 우리 가정의 영혼을 살리는 양식이 됩니다.[28] 가정 예배는 가정의 믿음을 지속시켜주며, 또는 소실했던 믿음을 회복시켜주어서 가정 안에 있는 여러 어려움을 해결할 수 있는 장기적이고 지속적인 해결책이 됩니다.

네레모어는 가정 예배의 효과에 대해 다음과 같이 얘기합니다.[29]

첫째, 예배의 효과입니다. 가정은 가족들이 함께 하나님을 예배하는 영적 중심지가 되어야 합니다. 가정 예배를 통해 가족 구성원들은 영혼의 만족을 얻게 되고, 하나님께서 창조하신 인간의 존재 이유와 목적에 부합한 삶을 살 수 있습니다.

둘째, 교육의 효과입니다. 가정 예배를 드림으로 인해서 가족 구성원들이 하나님의 말씀을 더욱 자주 접하게 되어 말씀을 가르치는 일과 말씀을 습득하는 일이 빈번해짐으로 말씀에 대한 교훈을 얻습니다. 이 교훈은 성인들의 생활에 필수적인 지침이고, 성장하는 자녀들에게도 꼭 필요한 훈련입니다.

셋째, 훈련의 효과입니다. 가정 예배를 통해 가족 구성원들은 찬송과 기도를 비롯한 예배의 요소들을 더욱 자주 접하게 됩니다.

넷째, 자녀 훈육의 효과입니다. 자녀들은 늘 변화하고 성장하는 특징을 가지고 있습니다. 이것이 자녀들에게 가정 예배가 필요한 이유입니다. 자녀들의 앞날에 대한 전망은 그들의 영적인 이해를 통해서 형성되기 때문입니다.

다섯째, 가족 연합의 효과입니다. 가정 예배는 가족들을 함께 강하고 잘 짜인 하나의 단위로 함께 뭉쳐 주는 영적 아교입니다.

여섯째, 영적 성장의 효과입니다. 앞의 모든 가정 예배의 효과들은 영적인 성장과 깊이를 더하는 일에 결속됩니다.

가정 예배를 통해 하나님을 찬양하고 경외하기를 배우며 성경 지식을 배우며 기도 생활을 계발하게 됩니다. 그리고 가정 예배를 통하여 부모는 자녀들이 경건한 그리스도인으로 자라기를 소망하게 되며 자녀들은 그 안에서 믿음의 사람으로 자라게 됩니다. 그리고 그렇게 자라면서 성경에서 말씀하고 있는 성품 즉 성령의 열매를 맺는 삶을 보고, 듣고, 배우게 됩니다. 가정 예배는 가족을 하나 되게 하고 영적으로 성숙하게 하며 가정을 복음화하는 첩경입니다. 이처럼 가정 예배가 놀라운 영향력을 지니고 있는데도 가정 예배를 드리지 않는 가정은 스스로 축복을 저버리는 것입니다. 가정 예배는 가족 안에 하나님께서 임재하신다는 상징입니다. 가정 예배의 진정한 의미는 10~20분의 예배 시간이 아니라 부부 관계, 자녀와의 관계, 하나님과의 관계의 총체입니다. 그리고 자녀들이 '가정 예배를 드려야 한다'라는 것보다 '가정 예배를 드리고 싶게 하는 것'이 부모들이 해야 할 일입니다.[30] 하지만 세상이 발전하면서 가족들이 한자리에 모여 예배를 드린다는 것은 쉽지 않습니다. 현대 사회의 바쁜 구조와 생계를 위한 부부의 경제활동 때문에 가정에서 가족 공동체로서 하나님을 예배하는 일은 많은 어려움을 받고 있습니다. 가정 예배를 하는데 어려움의 내적 장애 요인으로는 사탄의 방해, 가정 예배를 인도하는 지식의 결여, 가정 예배에 대한 무관심, 가족 간의 무관심, 형식적인 예배를 드림으로 생기는 지루함, 5세 이하 어린이들의 인내심 부족, 사춘기 청소년의 무관심, 가족 중의 불신자, 의지력 부족, 시작하지 않기 때문, 부모들의 게으름 등이 있습니다.[31] 또한 가정 예배를 하는 데 있어서 외적 장애 요인들로는 교회에서 가정 예배의 중요성을 강조하지 않고 있다는 것과 가정 예배를 실행할 것을 권면하지 않는다는 것이 있으며, 가정 안에서의 장애 요인으로는 가정 예배를 하기에 가족 수가 적다는 것입니다. 그리고 텔레비전이나 핸드폰 등에 관심을 빼앗겨 가족 간의 대화를 단절시키고 있다는 점, 가족들의 사회생활이 주는 장애로, 가족들의 바쁜 일정 때문에 가족들이 함께 한자리에 모일 시간이 없다는 점, 천국에 대한 소망이나 구원에 대한 무관심, 현재의 삶에 대한 애착, 가족 간의 공감대가 형성되어 있지 않다는 점 등이 있습니다.[32] 그러나 이와 같은 여러 장애로 인한 문제점이 있음에도 가정 예배는 꼭 실천해야 합니다. 왜냐하면 가정 예배는 그 정도의 가치와 효과가 있기 때문입니다. 그래서 성경은 부모들에게 이를 행할 것을 가르치고 명령하고 있습니다.

가정 예배의 유익

①스코틀랜드 교회의 가정 예배 지침서가 말하는 가정 예배의 유익[33]

가정 예배는 모든 가족 구성원들에게 영적인 유익을 줍니다. 가정 예배는 가정의 정체성을 바르게 세워주며, 세상에서 사는 동안 얻게 되는 온갖 염려와 핍박 중에서도 이겨낼 수 있는 하나님의 말씀을 발견하도록 합니다. 가정 예배는 교육적 측면에서 유익이 있습니다. 가정에서 성경 말씀을 읽고, 말씀에 관한 부분을 서로 나누면서 성경 말씀을 실생활에 적용하여 생각해 보고 또 자기 생각을 나누고 모자란 부분을 돕는 시간을 좀 더 구체적이고 실질적인 교육이 됩니다. 가정 예배는 가정의 가장이 영적으로 책임감이 있음을 알게 하고 그 책임을 제대로 져야 한다는 것을 깨닫게 합니다. 사회가 산업화를 이루면서 가장들이 직장 생활에 매진하다 보니 가정을 영적으로나 육적으로 돌보는 일을 등한히 하게 되었습니다. 그러나 가정 예배는 가장들이 가장의 역할을 제대로 인지하도록 만듭니다. 가정 예배는 주일 예배를 통해 얻은 은혜를 유지할 수 있도록 하며, 교회 학교에서 얻지 못한 교육 효과를 얻도록 합니다. 가정 예배는 우리 가정과 우리가 속한 교회와 우리의 이웃과 내가 사는 이 나라를 위한 기도를 하게 하여 기도를 배우고 기도를 훈련하도록 만들어 줍니다.

② 제임스 알렉산더(James W. Alexander)가 말하는 가정 예배의 유익[34]

첫째, 가정 예배는 가정의 경건을 향상시킨다.

둘째, 가정 예배는 선데이 크리스천이 아니라 매일의 크리스천으로 살도록 한다.

셋째, 가정 예배를 통해 가장은 자신의 성화를 이루어 가며, 가족들의 영혼에도 유익을 줌으로 가장의 영적 능력을 키워가도록 돕는다.

넷째, 가정 예배는 성경 말씀으로 부모를 교육한다.

다섯째, 가정 예배는 가장의 영적 지도력을 보존시킨다.

여섯째, 가정 예배는 가장에게 가르칠 능력을 부여한다.

일곱째, 가정 예배는 가장을 성화시킨다.

여덟째, 가정 예배는 세속주의와 물질주의로부터 가정을 보호해 준다.

아홉째, 가정 예배는 자녀들에게 성경을 가장 잘 가르칠 수 있는 가장 적합한 환경을 만들어 준다.

열째, 가정 예배는 지적인 향상을 가져온다.

열한째, 가정 예배는 가족의 유대를 강화한다.

③ 보 바우컴(Voddie Baucham Jr.)이 말하는 가정 예배의 유익[35]

첫째, 가정 예배를 통해 하나님을 높여드린다.

둘째, 가정 예배는 가족들을 하나님께로 가까이 이끈다.

셋째, 가정 예배는 가족 간의 친밀감을 더한다.

넷째, 가정 예배를 통해 신앙의 전수가 일어난다.

다섯째, 가정 예배를 통해 가족의 영적 상태를 파악할 수 있다.

여섯째, 가정 예배는 어린 자녀들에게 훈련의 기회가 된다.

일곱째, 가정 예배는 더 깊은 의미를 깨닫도록 돕는다.

④ 조엘 비키(Joel R. Beeke)가 말하는 가정 예배의 유익[36]

첫째, 배우자와 자녀들과 우리 자신의 영원한 행복으로 이끈다.

둘째, 선한 양심에 충족시킨다.

셋째, 자녀들을 양육하는 데 도움이 될 만한 강력한 도구가 된다.

넷째, 인생이 짧으므로 가치 있는 인생을 살도록 한다.

다섯째, 하나님의 영광과 그분의 교회 행복을 위한다.

⑤ 도널드 휘트니(Donald S. Whitney)가 말하는 가정 예배의 유익[37]

첫째, 자녀의 삶 속에 매일 복음을 말해줄 수 있는 최고의 방법이다.

둘째, 자녀가 꾸준히 하나님을 배울 수 있는 최고의 방법이다.

셋째, 자녀에게 하나님이나 신앙에 대해 늘 편안하게 질문할 기회를 줄 수 있는 최고의 방법이다.

넷째, 부모의 신앙의 핵심을 자녀에게 전수할 수 있는 최고의 방법이다.

다섯째, 자녀가 부모의 지속적이고 긍정적인 신앙 모범을 실생활에서 볼 수 있는 최고의 방법이다.

여섯째, 자녀에게 실행 및 재생 가능한 모범을 보임으로써 훗날 결혼하여 가정을 꾸릴 때 기독교 가정다운 가정을 이루게 할 수 있는 최고의 방법이다.

일곱째, 가족들이 날마다 함께할 수 있는 최고의 방법이다.

더불어 나눔

(1) 가정 예배를 통해 행복했던 경험을 나누어 봅시다.

(2) 가정 예배를 통해 우리 가족이 하나님과 만나는 것이 얼마나 영광스러운 일인지 기억하며 감격이 넘치는 가정 예배가 될 수 있기를 간구합시다.

마음에 새기기

(1) 가정 예배의 필요성

(2) 가정 예배의 효과

(3) 가정 예배의 다양한 유익

3주

3주. 성경에 나타난 가정 예배

이 장에서는 성경에 나타난 가정 예배를 소개하여, 가정 예배의 성경적 기원과 의미를 알도록 합니다.

배움과 익힘

성경에 나타난 가정 예배

① 구약에 나타난 가정 예배

가정 예배는 가정에서 시작되었기에 가정의 시작을 본다면 성경에서 나타나는 최초의 가정은 아담과 하와입니다. 아담과 하와가 가정 예배의 시초라는 것에는 의심의 여지가 없습니다. 아담과 하와가 하나님께 예배를 드렸다는 말은 기록되어 있지는 않지만, 창세기 4장 3~4절에서 가인과 아벨이 하나님께 제사를 지냈다는 것을 볼 때, 그것은 아담과 하와에게 배웠기 때문입니다. 그리고 노아가 하나님께 드린 예배는 가정 예배입니다. 하나님의 온 교회가 방주 안에 있는 동안 그들이 드린 예배는 분명히 가정 예배였습니다. 창세기 8장 20절에서 땅에 창궐하던 물이 말랐을 때 노아는 여호와께 제단을 쌓고 모든 정결한 짐승과 모든 정결한 새 중에서 제물을 취하여 가족과 함께 희생 제사를 지냈습니다.[38]

a. 아브라함의 가정 예배

창세기 12장 8절은 아브라함이 가나안 땅에서 여기저기로 옮겨 다닐 때 자신과 가족이 머무를 만한 곳에 장막을 치고 난 후 바로 하나님께 제단을 쌓았음을 기록합니다. 아브라함은 거처를 옮길 때마다 하나님께 제단을 쌓고 하나님을 예배하며 하나님의 약속 말씀을 소망하고 확인하였습니다.

창세기 18장의 구조는 이삭의 출생에 대한 예언(1~15절)과 소돔의 멸망에 관한 선포(16~21절), 그리고 소돔을 향한 아브라함의 간절한 기도(22~33절)로 되어 있습니다. 19절은 소돔이 멸망할 것이라는 말씀 선포가 있기 전에 등장한 말씀입니다. 칼빈은 이 말씀을 주석하면서 아브라함이 하나님의 약속에 참여한 자가 된 것은 하나님께서 보시기에 그가 가장의 의무를 다할 것으로 판단되었기 때문이라고 하였습니다. 하나님께서 아브라함에게 부여하신 가장의 의무는 자식들에게 신앙을 전수하는 것이었습니다. 하나님께서는 아브라함이 가장으로서 자식들에게 신앙을 전수하는 의무를 신실하게 감당할 것을 미리 아시고 그를 선택하셨다는 것입니다.[39] 19절의 "그를 택하였나니"라는 말씀의 원문을 직역하면 "내가 그를 알았다"이며, '알다'라는 동사가 사용되었습니다. 본문의 정황에서 '알다'라는 의미는 하나님의 선택과 깊은 연관이 있으므로 거의 모든 성경 번역본은 이를 '선택한다'라는 의미로 번역하였습니다.[40] 그러므로 이 단어는 하나님의 선택이 앎과 깊은 관련이 있다는 사실을 알게 합니다. 하나님께서는 분명 아브라함이 가장의 의무를 다할 것을 아시고, 그를 택하신 것입니다. 그런데 주목해야 할 것은 이 말씀이 소돔의 멸망과 결부되어 있다는 것입니다. 하나님께서 소돔의 멸망을 보여주시면서 아브라함에게 이것을 말씀하신 것은 여호와의 도를 지키지 않는 자들이 어떠한 심판을 받는지 소돔의 멸망을 보면서 교훈으로 삼으라는 것입니다. 칼빈은 하나님께서 아브라함에게 소돔의 멸망을 보여주신 것은 아브라함 후손 모두에게 소돔의 멸망을 보여주신 것과 같은 것이라고 말하였습니다.[41] 19절의 명령을 염두에 두면 아브라함은 소돔의 멸망을 자식들과 가족들에게 가르쳐야만 합니다. 아브라함의 가르침을 통하여 하나님께서는 아브라함의 자식들과 가족들이 여호와 하나님을 두려워하는 신앙을 갖기를 원하셨습니다. 이처럼 소돔의 멸망 사건은 아브라함만이 아니라 아브라함의 모든 후손에게 주시는 하나님의 시각적 교육 도구였습니다. 특별히 여기서 하나님께서 아브라함에게 자녀들을 향해 "명령하라"라고 말씀하셨습니다. 신앙을 갖도록 설득하는 것이 아니라 "명령하라"라는 것입니다. 여기서 "명령하라"는 성경에서 하나님께서 이스라엘 백성들에게 명령하실 때, 또는 왕이 이스라엘 백성에게 명령할 때 사용된 단어입니다. 그러므로 본문에서 하나님께서 부모에게 요구하시는 것은 가정에서 왕적인 권위를 가지고 자녀에게 명령하라는 것입니다. 자녀들에게 하나님의 도를 가르치는 것은 설득하며 구걸하는 것이 아니라 하나님의 도에 대한 절대 순종을 명령해야 합니다. 부모는 하나님께서 자녀들에게 명하시는 바가 무엇인지를 정확히 깨닫고 하나님의 명령을 대행해야 합니다. 하나님께서는 여호와를 경외하는 공동체를 만들기 원하셨습니다. 그것이 바로 하나님께서 아브라함을 선택하신 이유였습니다. 그리고 여호와를 경외하는 공동체를 만드시는 하나님의 방법은 부모가 자녀에게 여호와를 두려워하는 신앙을 전수하는 것입니다. 그러므로 아브라함은 반드시 자녀에게 여호와 하나님을 두려워하는 신앙을 전수하라는 명령에 순종해야만 했습니다.[42] 칼빈은 이 명령을 하나님께서 아브라함만이 아니라 모든 부모에게 말씀하셨다고 해석합니다. 모든 부모는 자신들에게 주어진 진리를 자녀들에게 신실하게 전수해야 하는 의무가 있다는 것입니다. 왜냐하면 하나님이 부모들에게 말씀을 주신 것은 부모들과 함께 그 말씀이 사라지는 것이 아니라 말씀이 자녀들에게 계속하여 전수됨으로써 말씀이 보존되는 것을 원하셨기 때문입니다.[43] 하나님께서 부모들에게 하신 말씀은 부모들과 후손들 모두를 위한 말씀입니다. 진리의 빛이 사라지고 억눌리는 곳에는 항상 부모들이 자녀들에게 말씀을 제대로 전수하지 않은 흔적이 남아 있습니다. 부모가 하나님께서 부모에게 부여하신 자녀 교육의 사명을 다하지 못하면 이 땅의 진리의 빛이 사라질 것입니다. 그리고 그것은 부모의 책임이 될 것입니다. 그러므로 모든 부모는 하나님의 언약 말씀을 반드시 자녀들에게 전수해야 하는 신적인 의무를 잊지 않아야 합니다. 하나님께서는 창세기 18장 19절에서 아브라함을 선택하신 이유에 대해 말씀하십니다. 아브라함이 가정에서 그의 자식들과 자손들을 잘 가르쳐서 하나님께 순종하게 하고, 옳고 바른 일을 하도록 가르치라는 뜻에서 아브라함을 선택하신 것입니다. 하나님께서는 구약 시대에 공동체 성전 이전에 가정 성전을 먼저 주셨습니다. 그 이유는 하나님은 가정 성전을 먼저 굳게 다진 후 공동체 성전을 주어야 그 민족의 신앙공동체가 죽지 않고 살아남을 수 있다는 것을 미리 아셨기 때문이었습니다. 이것은 하나님께서 무엇보다 가정 성전이 기본임을 철저하게 가르치시기 위함이었습니다. 가정 성전이 건강하지 않으면 공동체 성전이 무너질 수밖에 없습니다. 만약 하나님께서 공동체 성전을 먼저 주시고 후에 가정 성전을 섬기도록 했다면, 아마도 그들이 지나치게 공동체 성전에 치우친 나머지 가정 성전을 소홀히 하여 가정 성전이 먼저 무너지면서 공동체 성전도 살아남지 못했을 것입니다.[44]

아브라함의 아들 이삭 역시 브엘세바에 단을 쌓고 아버지 아브라함이 했던 것처럼 하나님을 예배하였습니다(창 26:25). 이삭의 아들인 야곱도 하나님의 명령을 따라 벧엘에 단을 쌓을 때 자기 집안에 있는 사람들만이 아니라 자기와 함께한 모든 자와 다 같이 하나님을 예배했습니다. 창세기 35장 2~3절에서 보면 야곱이 자기 집안의 모든 사람과 자기와 함께한 모든 사람에게 자신의 환난 날에 응답하시고 자신이 가는 길에서 함께 하셨던 하나님께 제단을 쌓으려 한다고 기록합니다.

b. 율법 시대의 가정 예배

출애굽기를 보면 유월절 축제는 가장의 사회로 진행되는 가족 축제였습니다. 출애굽기 12장 3~11절에 보면 각 가족은 자신의 집에서 출애굽기에 기록된 대로 특별한 지시를 따라 거행했습니다. 이

축제를 준비하기 위해 모든 가족이 참여하였습니다.[45] 유월절 가정 예배는 그 가정이 하나님의 구속 언약에 속한 가정이라는 것을 확인하는 의식이었습니다. 유월절 축제는 두 모습으로 나눌 수 있는데, 하나는 어린 양을 죽여서 피를 뿌리는 모습이고, 또 하나는 가정 예배 형식처럼 가족들이 함께 식사하면서 그 안에서 교제를 나누고 유월절의 의미를 기념하는 모습입니다. 유월절은 가족을 구원하기 위해 어린 양을 죽여 그 피를 흘리게 하는 가족적인 희생제사였습니다. 이후 성막과 성전 제도가 생기면서 가족 자체의 희생 제사가 끝이 났음에도 이스라엘의 가정들은 절기가 되면 예루살렘 성전으로 올라가 가족적인 제사를 지내면서 제물을 함께 드렸습니다. 이 유월절 제사는 바벨론 포로기 시절 성전 중심의 제사가 어렵게 되자 다시 가정 중심으로 행해졌습니다. 그렇게 예배의 중심이 가정이 되었습니다.

신명기 6장 4~9절에서는 또 다른 가정 예배의 모형이 나타나는데 바로 "쉐마"의 명령입니다. "쉐마"란 "들으라"라는 뜻입니다. 이스라엘 백성 중 모든 남자는 매일 이 말씀을 두 번씩 고백해야 했고, 어린아이가 가정에서 처음 말을 배울 때부터 "쉐마"를 외우게 했고, 그 아이가 노인이 되어 죽는 순간까지 마지막으로 외우는 말씀이 바로 "쉐마"였습니다. "쉐마"의 내용은 가정에서 이루어지는 교육이 하나님께서 그 가정의 부모에게 내리신 명령이며, 부모는 하나님께서 내리신 자녀 교육에 대한 책임이 있다는 것입니다. 자녀 교육에 대한 책임은 어떤 환경에서도 반드시 지켜야 할 것이며,

부모는 자녀를 훈련시켜야 했습니다. 또한 부모는 자녀에 대한 교사로서의 사명감을 가지고 가르쳐야 했습니다.[46]

  신명기 당시는 하나님의 말씀을 가르치고 듣기 위한 회당이 만들어지기 전의 시기였으며, 신명기 6장 7절에 "네 자녀에게 부지런히 가르치며 집에 앉았을 때에든지…"와 "네 집 문설주와 바깥문에 기록할지니라"는 구절에서 알 수 있듯이 교육의 장소가 자연스럽게 가정이 되었을 것이고, 교육의 주체는 부모가, 대상은 자녀가 되었을 것을 추측해 볼 수 있습니다.

  "쉐마"의 내용은 신앙고백, 사랑해야 하는 것, 말씀을 실천함으로 신앙을 전수해야 하는 것입니다.
  첫째 신명기 6장 4절은 하나님을 향한 이스라엘의 신앙고백입니다. 여호와 하나님께서는 유일하신 창조자이시며, 만유의 주재이시며 섭리자이신 하나님이십니다. 그러므로 여호와 하나님께서는 다른 신이나 우상의 숭배를 전혀 허용하지 않으십니다.
  둘째, 신명기 6장 5절은 유일하신 하나님을 전심으로 사랑해야 함을 말씀하고 있습니다. 이것은 여호와 하나님을 섬기는 이스라엘의 마땅한 근본적인 자세입니다. 여기에서 하나님을 사랑한다는 말씀의 의미는 인간이 하나님을 섬기는 기본적인 자세로서, 하나님에 관한 신앙의 다른 표현입니다. 이것은 또한 율법을 준수하는 실천을 이행하기 이전에, 하나님을 사랑하는 본질적 마음의 준비 자세가 필요하다는 것을 지적하는 내용입니다.

셋째, 신명기 6장 6~9절은 이스라엘이 하나님의 뜻에 합한 모범적인 삶을 살되 그런 신앙과 삶을 후손들에게 전수하여야 함을 강조하고 있습니다. 그러면서 자녀들을 신앙으로 교육하는 구체적인 방법들이 제시되어 있습니다. 이것은 신앙이 공동체 안에서 어떤 유기적 상관성을 갖는가를 보여줍니다.[47]

구약의 가정 예배는 할례, 안식일, 유월절, 장막절 등의 종교의식들과 가족생활이 그 자체로 교육적 의미를 갖습니다.[48] 가정 예배 속에서 단순한 이론이 아닌 말씀을 읽고, 외우고, 가르치는 삶과 연계된 교육이 이루어졌습니다. 즉 "쉐마"를 통해 부모의 주도로 가정 예배와 함께 신앙 교육이 이루어졌습니다.

c. 욥의 가정 예배

욥기 1장 5절에서 "욥의 행위가 항상 이러하였더라"라는 표현은 본문이 욥이 평소에 가정에서 어떻게 자녀들을 교육하였는지를 잘 보여줍니다. 욥이 자녀들을 위하여서 한 일은 크게 세 가지입니다. 첫째는 자녀들을 성결하게 한 것이고, 둘째는 자녀들을 위하여 희생 제물을 드리는 것이며, 셋째는 자녀들을 위하여 기도한 것입니다.[49] 욥은 자녀들을 성결하게 하려고 노력하였습니다. 성결은 거룩한 의무를 행하기 위하여 준비하는 것입니다. 욥은 부모로서 자녀들이 거룩한 의무를 다할 수 있도록 가르쳤습니다. 왜냐하면 그는 하나님을 경외하는 사람이었기 때문에(욥 1:1, 8) 혹시라도 자녀들이 하나님 앞에서 죄를 범하지는 않았는지 살피는 일을 게을리하지 않았습니다.[50] 욥은 혹시라도 자녀들이 하나님을 욕되게 하였을까 두려워했기 때문입니다. "하나님을 욕되게 한다"라는 말은 "하나님께 합당한 영예를 돌리지 아니한다"라는 의미입니다. 이처럼 욥은 자녀들이 하나님께 합당한 영광을 돌리지 아니할까 항상 염려하면서 자녀들을 성결하게 하는 일에 힘썼습니다.[51]

또한 욥은 자녀들을 위하여 희생 제사를 지냈습니다. 욥은 자녀들이 하나님께 제사하는 일을 소홀히 하지 않도록 가르쳤습니다. 욥이 자녀들을 성결하게 한 이유는 하나님께 제사를 지내게 하기 위함입니다. 그는 자녀들과 함께 희생 제사를 지냄으로 자녀들에게 자신의 부패성과 죄의 비참함을 깨닫게 하기를 원했습니다. 욥이 희생 제사를 중요하게 생각하였던 것은 그가 아침에 일찍 일어나서 제사를 지냈다는 사실에서 잘 드러납니다. 이를 통하여 우리는 욥이 매일 영적인 일에 최우선적인 가치를 두고 자녀를 가르쳤음을 유추할 수 있습니다.[52] 그러면서 욥은 분명히 기도로 하나님의 이름을 불렀을 것입니다. 구약의 희생 제사는 기도와 밀접한 관계를 맺고 있습니다. 자녀들의 죄를 함께 고백하면서 회개하고, 자녀들의 기도 제목을 하나님께 내려놓았을 것입니다. 욥은 아마도 이렇게 말하였을 것입니다. "내 자녀들아, 함께 죄를 고백하자. 회개의 기도를 드려 우리의 마음을 쏟아 놓자. 우리 모두 이렇게 하자." 아마도 그가 희생 제사를 지내면서 하나님께 자녀들을 위하여 기도하는 모습은 참으로 감동적이었을 것입니다.[53] 이러한 욥의 모습은 부모의 제사장적인 역할이라고 할 수 있습니다. 물론 하나님과 인간 사이를 중보 하는 궁극적인 제사장 사역은 그리스도께서 완성하였습니다. 그러나 부모들은 제사장의 역할을 통하여서 하나님과 자녀들 사이에서 자녀들이 하나님을 바라볼 수 있도록 중보의 역할을 해야 합니다. 물론 부모가 하나님과 자녀들 사이에 설 수는 없습니다. 하나님과 사람 사이에 중보자가 될 수 있는 분은 오직 예수 그리스도 한 분입니다. 그러나 부모는 자녀들이 그리스도를 통하여 하나님께 나아갈 수 있도록 그들을 그리스도께로 인도하는 역할을 해야 합니다. 그리스도께로 온전하게 나갈 수 있도록 자녀들을 성결하게 만들어야 하며 자녀들을 위하여 기도해야 합니다. 이러한 부모의 역할은 하나님께서 부모들에게 부여하신 제사장의 의무입니다.[54]

② 신약에 나타난 가정 예배

신약 성경에서도 고넬료에 의해서 찾아볼 수 있는데 그는 이방인임에도 불구하고 유대인들의 가정 예배를 따라 가정에서 예배를 드렸습니다(행 10:2~3). 고넬료는 가정에서 예배를 드리면서 환상을 보았습니다. 천사가 고넬료에게 이르기를 욥바에 사람을 보내어 베드로를 청하라고 합니다. 이에 고넬료는 천사의 말대로 사람을 보내 베드로를 청하여 자신의 집에 오게 합니다. 베드로도 환상 중에 부정한 음식을 먹으라는 하나님의 말씀을 거부했었으나, 하나님께서 깨끗하게 하신 것을 부정한 것이라고 말하지 말라는 하나님의 말씀이 무슨 뜻인지를 깨닫고 나서, 고넬료의 집에 가서 고넬료와 그의 가족들에게 복음을 전하고, 세례를 베풉니다. 이렇게 이방인이었던 고넬료도 가정에서 예배를 드렸다는 것을 볼 때, 당시 유대인들의 가정에서는 가정 예배가 일상화되어 있었다는 것을 알 수 있습니다.

디모데의 어머니 유니게는 그의 어머니 로이스로부터 신앙의 교훈을 받았습니다(딤후 1:5). 그것은 가정에서의 신앙 교육이었고, 이는 가정 예배를 통해 이루어졌습니다. 디모데는 유대인 어머니와 헬라인 아버지 사이에서 출생했으며, 그의 어머니 유니게는 기독교 신앙이 있었습니다(행 16:1). 디모데의 어머니 유니게의 믿음에 대하여 어떤 학자들은 기독교 신앙이 아니라 유대교 신앙이라고 주장하기도 합니다. 그러나 사도행전에서 유니게를 믿는 유대인이라고 표현한 것은 그녀가 기독교 신앙이 있었다는 것으로 해석하는 것이 자연스럽습니다.[55] 다만 유니게는 유대인이므로 유대신앙 전통을 잘 알고 있었습니다. 유대 신앙 전통은 자녀에게 신앙을 전수하는 세대 간 신앙 전수의 전통입니다. 그러므로 유니게는 디모데에게 신앙을 전수하기 위한 노력을 하였을 것입니다. 유대신앙 전수 방식은 3대에 걸친 신앙의 전수였기 때문에 어머니 유니게와 디모데의 신앙 전수가 아니라 외조모 로이스부터 유니게와 디모데에 이르는 3대의 신앙 전수가 이루어졌습니다. 디모데후서 3장 14절의 "네가 누구에게서 배운 것을 알며"라는 말씀에서 '누구'는 헬라어 원문을 보면 단수가 아니라 복수로 표현되어 있습니다. 여기에서 디모데에게 성경을 가르친 교사는 바울과 함께 그의 어머니 유니게와 외조모 로이스를 지칭합니다. 이미 디모데후서 1장 5절에서 디모데에게 신앙을 전수한 사람으로 유니게와 로이스를 언급하였으므로 이들이 디모데에게 성경을 가르쳤음을 알 수 있습니다. 디모데는 어려서부터 성경을 배웠습니다. 디모데후서 3장 15절에서 "성경"은 '거룩한 글들'이라는 뜻으로 이것은 분명히 구약 성경을 가리키는데 단순히 구약 성경만을 가리키는 것이 아니라 예수 그리스도에 대한 복음을 담은 여러 가지 글들도 포함하고 있습니다. 디모데는 성경을 통하여서 그리스도 예수 안에 있는 믿음에 이르게 되었는데, 이는 예수 그리스도에 대한 기록이 담긴 성경을 배웠기 때문입니다. 디모데후서 3장 14절의 "배우고 확신한 일"이 헬라어 성경에는 복수로 쓰였는데 이것은 구약 성경과 신약 성경의 복수성을 말하는 것입니다.[56] 이처럼 디모데는 구약과 신약을 통하여 어려서부터 신앙 교육을 받았습니다.

더불어 나눔

(1) 성경에 나타난 가정 예배의 역사를 보면서 느껴지는 하나님의 마음과 인도하심에 대해 나눠봅시다.

(2) 성경에 나타난 가정 예배를 보면서 가정 예배를 소중히 여길 것을 결단합시다.

마음에 새기기

(1) 우리 가정이 본받고 싶은 성경 속 가정 예배의 모습은 무엇입니까?

4주

4주. 교회사 속 가정 예배

이 장에서는 교회사 속의 가정 예배의 모습을 살펴보고 우리의 믿음의 선조들이 가정 안에서 어떻게 예배를 이어 갔는지 알도록 합니다.

배움과 익힘

(1) 초대교회 가정 예배

신약 초기에 사도들은 회당과 성전에서 유대적 공 예배를 통하여 말씀을 전하였습니다. 예배의 형식은 주로 회당에서 행하는 예배의 형식이었기 때문에 제사나 제물이 허용되지 않았고 말씀과 기도가 주를 이루는 예배의 성격을 지녔습니다. 또한 성도들의 가정에서도 예배가 행해졌는데 이때 성도들이 한 장소에 모이면서 각자가 준비한 음식을 가져와서 식탁의 교제를 나누었습니다.[57]

신약 성경 후기 시대부터 성도들의 가정은 예배와 함께 교제까지 이루어지는 곳이었으며 아울러 교육도 행해졌습니다. 신약시대에 가정은 교육이 이루어지는 데 있어서 가장 기본적인 구조이며 구체적인 역할을 하였습니다. 그들의 교육 목적은 하나님의 뜻을 찾는 교육이라고 할 수 있습니다. 그 특징은 첫째로 그들은 일반적 의미의 학교 교육을 하고 있지 않고, 생활의 한 복판에서 교육이 이루어졌으며, 그럼으로써 자연히 가정이 된 교육 기관이었습니다.[58] 그런 의미에서 부모는 최초의 교사이자 최후의 교사였습니다. 그들은 또한 철저히 가정 중심의 교육을 시행할 수 있었으므로 이러한 틀에 의해 종교적으로 성인이 되어도 안정감을 형성할 수 있는 것입니다. 사도행전에 의하면 성도들이 가정에서 모여서 드리는 가정 예배는 사도 시대의 보편적인 예배 형태로 날마다 계속되었으며 공 예배의 성격을 띠게 된 것을 발견할 수 있습니다 (행 2:46-47, 5:42).

초대교회는 예수를 구주로 고백한 이들이 모여 교회를 이루었고 대개 가정에서 예배를 드렸습니다. 이렇게 볼 때 초대교회 시대는 가정과 교회를 분리할 수 없고, 예수께서 교회를 세우셨는데 그 교회의 시작은 성도들의 모임으로 시작되었고, 성도들은 가정에서도 예배를 드렸다는 것입니다. 초대교회 그리스도인들은 온 가족이 아침 일찍부터 일어나 한자리에 모여서 성경을 읽고 찬송을 부르면서 지난밤에도 지켜 주신 하나님의 은혜에 감사하는 기도를 드렸으며, 하루 종일토록 지내는 동안에도 하나님께서 온갖 유혹과 위험에서 지켜 주시기를 구했으며, 각자가 맡은 자리에서 최선을 다하여 임무를 수행할 수 있게 해달라고 간구했습니다. 그리고 하루를 다 보내고 난 저녁, 잠자리에 들기 전에도 함께 모여 아침에 드렸던 것과 같은 형식으로 예배를 드렸습니다. 다만 아침보다는 시간적인 여유가 있으므로 아침보다 좀 더 길게 드릴 수 있었습니다. 그 외에도 이들은 한밤에도 함께 모여 하나님께 기도하고 찬송을 하는 관례가 있었는데 이는 기독교에 대한 박해가 심했던 초대교회 시절의 성도들이 낮에 모이지 못하고 박해자들의 눈을 피해 밤에 모임을 했던 것에서 생겨난 풍습이라고 합니다.[59]

(2) 중세시대 가정 예배

중세시대를 관통하면서 통일성과 지속성을 제공한 두 조직체가 있었는데 하나는 교황제도이고 다른 하나는 수도원 제도입니다.[60] 중세시대는 교회가 확장되는 시기로 가정 예배보다는 수도원 중심의 예배가 교회사에 나타난 예배의 바탕을 이루었습니다. 수도원에서는 주로 시편을 암송하여 낭송하는 방식으로 규칙적인 예배의 모임을 했습니다. 서방 교회 수도원의 시조인 베네딕투스(Saint Benedict Biscop)는 수도사들이 매일 규칙적으로 예배를 통해 일주일에 기도서인 성경 시편 전편을 낭송하게 하였습니다. 동방 교회 또한 규칙적으로 예배의 모임을 했습니다. 그러나 동서방 교회의 이 전통은 오히려 폐단이 되어 결과적으로는 일반 교인들은 이런 예배 모임에 능동적으로 참여하지 않았고, 가정 예배도 어느 순간 사라지게 되었습니다. 수도사와 사제들이 종교적 의식과 행위를 대신 수행하고 성도들은 그냥 그들의 수행에 참여하고 관찰하는 수동적 위치에 빠지게 되었습니다. 한 마디로 중세 교회는 가정에서의 예배는 암흑시대였다고 이야기할 수 있습니다.[61]

(3) 종교개혁 시대 가정 예배

종교개혁은 신학과 교회만 개혁한 것이 아니라 예배까지도 개혁했습니다. 종교개혁은 회중 찬송을 회복하였듯이 기도회를 회복하였고 이를 일반 성도들이 할 수 있도록 하였습니다.[62] 인쇄술이 발달하고, 종교개혁이 이루진 결과 가정마다 성경이 보급되었고 그러면서 가정에서 예배를 드릴 수 있게 되었습니다. 종교개혁자들은 가정 예배를 중요하게 여겼습니다. 대표적인 종교개혁자인 루터와 칼빈은 부모의 신앙적 책임을 강조했으며, 부모가 가정에서 자녀에게 성경과 교리를 가르쳐야 할 것을 권면하였습니다.[63] 그들은 가정이 교회와 연장선에 있으며, 부모는 가정의 지도자이기 때문에 그 위치가 마치 교회를 세우는 것처럼 중요한 위치라는 것을 강조했습니다. 그래서 칼빈은 가정을 '작은 교회(parva ecclesiae)'라고 했으며, '가정은 하나님께서 직접 세우신 제도로 가정이 얼마나 귀한지는 성도가 가정을 세우신 분이 하나님이시라는 것을 인정할 때야 비로소 더욱 분명해진다'라고 언급했습니다. 그만큼 성도에게 있어서 가정이 중요하다는 것을 피력한 것입니다. 아울러 가정은 하나님이 허락하신 가장 기본적인 공동체이며, 사회제도이므로 가정과 교회의 영적인 연계성을 주장했고, 특히 가정은 하나님 말씀의 언약으로 묶인 언약 공동체임을 강조했습니다.[64] 루터는 라틴어로 쓰인 성경을 독일어로 번역하여 가정마다 배포하여 누구나 쉽게 성경을 가질 수 있도록 하였으며, 이렇게 나누어진 성경을 가지고 부모가 자녀들에게 신앙을 교육할 수 있도록 힘썼으며, 아이들을 위한 소요리 문답서와 성인 초신자의 세

례 교육서로 대요리 문답서를 작성하였습니다.[65]

(4) 17세기 가정 예배

가정 예배가 가장 활성화되었던 나라는 스코틀랜드입니다. 스코틀랜드 교회 성도들은 초기 그리스도인들과 마찬가지로 가정 예배를 중요시했습니다. 웨스트민스터 신앙고백서의 정신을 이어받은 스코틀랜드 교회는 1647년 8월 24일 총 14장에 걸쳐 "가정 예배지침서(The Directory for Family Worship)"를 제작하여 발행하였습니다. 이 지침서는 이전과는 달리 체계적, 구체적, 공식적, 실제적인 가정 예배 모범을 보여주었고, 이후 여러 가정 예배의 기준을 제시해 주었습니다.[66] 가정 예배가 공표될 당시 권면과 경고, 그리고 책망은 비단 개인적인 책망만이 아니었습니다. 개 교회가 공적으로 책망하는 것까지 포함하였습니다.[67]

스코틀랜드의 가정 예배 지침서의 내용을 보면 우선 가족이 한자리에 모여 가정 예배를 드리는 것을 가족의 통상적인 의무로 보았습니다. 가정 예배의 순서는 기도를 먼저 하고 찬송하며 교회, 국가 그리고 가족을 위해 함께 기도하고, 성경 말씀을 낭독하고, 기독교 교리와 깊이 있는 성경 이해를 위해 문답식으로 공부했습니다. 또한 가족 신앙 성장을 위해 신앙과 삶에 관한 대화를 나누고, 가장은 가족들에게 권면과 훈계를 했습니다. 가장은 가정 예배에 온 식구가 참석하도록 관리하며 예배의 모든 순서를 인도할 책임과 권한이 있습니다. 그리고 목사는 성도들의 가정마다 가정 예배

가 행해지도록 성도들을 지속해서 지도하고 나태하거나 게으른 성도들을 단련시켰습니다.[68]

스코틀랜드 장로교회 총회는 목사와 장로가 지켜야 할 가정 예배 규정을 만들었는데 목사와 장로는 각자 맡은 구역의 가정들을 제대로 심방 해야 했고, 담당한 가정 안에서 가정 예배 실행이 잘 지켜지고 있는지를 살펴야 했으며, 가정 예배를 드리는 가정에 대해서는 가정 예배를 드리면서 기도와 찬송, 성경 읽기를 하고 있는지를 확인하도록 했습니다. 이처럼 스코틀랜드 장로교회 총회는 심방을 할 때 가정 예배 시행 여부를 중점적으로 살폈습니다. 왜냐하면 가정 예배 실행 여부를 가정의 신앙의 척도로 여겼기 때문이었습니다.[69] 스코틀랜드의 개혁자인 존 낙스(John Knox)도 가정 예배를 중요하게 여겨 1560년「훈육 교본」을 만들었으며, 기독교 가정에서 부모가 자녀를 신앙으로 훈련할 수 있도록 도왔습니다.[70]

(5) 청교도 가정 예배

청교도들은 기독교 예배에는 세 가지 영역이 있다고 보았습니다. 첫째는 지역 교회의 공적 예배, 둘째는 가족 단위의 가정 예배, 셋째는 골방에서의 개인 예배입니다. 이 세 가지 중에 공적 예배가 가장 중요하였으나 청교도들에게 있어 가정 예배도 극히 중요했습니다.[71] 모든 가정은 가장을 목회자로 하는 교회가 되어야 했으며, 매일 두 번씩 성경 말씀을 들어야 했습니다. 매 주일 공적 예배에서 가족들의 신앙적 유익을 얻고자 했습니다. 또한 하나님의 방법으로 서로를 격려하려고 노력해야 했습니다. 부모는 자녀들에게 성경을 가르쳐야 했습니다. 가정의 모든 구성원은 기도하기 위한 시간과 장소를 예비해야 했습니다.[72] 특히 저녁 예배를 통하여 하루를 정리한 뒤 각자 방에 돌아가 하나님 앞에서 하루의 일과를 돌아봄으로써 철저히 회개하며, 거룩한 삶을 매일매일 점검하였습니다. 이들은 신앙으로 자녀들에게 실천적 모범을 보였을 뿐 아니라 삶 속에서 세상 사람들에게도 본을 보이는 행동을 하였습니다.[73]

윌리엄 구지(William Gouge)는 "가정은 작은 교회"라고 했고, 윌리엄 퍼킨즈(William Perkins)는 "하나님을 예배하는 가정이 이를테면 작은 교회이다. 아니 이 지상에 이루어진 일종의 낙원이다"라고 했습니다.[74] 청교도들은 가정을 교회로 보았기 때문에 가정을 경건의 장으로 삼아야 한다고 생각했습니다.[75] 니콜라스 바이필드(Nicholas Byfield)는 부모들에게 "자녀들이 요람에서부터 경건의 실천을 볼 수 있도록 가정에서 하나님을 예배하는 본을 조심스럽게 세워야 한다."라고 충고하였으며, 사무엘 윌라드(Samuel Willard)는 "교회가 모든 가정이 가정 예배와 훈육을 제대로 시행하는지 감독해야 한다"라고 했습니다.[76] 이처럼 청교도들은 가정의 경건을 지극히 중요시했습니다. 청교도들은 가정이 살아야 할 종교적 삶을 교회가 대신하지 못함을 잘 알았습니다. 그래서 각 가정의 상태에 교회의 건강이 달려있다고 보았습니다. 미국의 청교도들 역시 가정 예배를 드리는 것을 생활 일부로 여겼음이 역사적인 기록들로 남아있습니다. 산업혁명 이전에도 부모들은 자녀들을 믿음으로 양육하기 위한 수단으로 가정 예배를 드렸습니다.[77]

(6) 한국 교회 가정 예배

한국 교회는 이미 초대교회 때부터 가정 예배를 중요하게 여기는 전통이 있었습니다.[78] 곽안련(Charles Allen Clark)은 '목사 지법'을 통해 예배의 신학과 이론을 안내하면서 스코틀랜드 장로교회와 미국 장로교회의 가정 예배 전통을 전수하였습니다. 교회와 목회자는 성도가 자녀 신앙 교육에 관심을 두도록 하였으며, 부모의 본분과 의무를 명시해 주는 부모의 신앙 양육을 격려하고 권면하며 교회와 가정의 자연스러운 연계를 통한 상호 보완적인 신앙, 예배 교육을 강조했습니다. 그는 목사라면 교회를 반석과 같은 기초 위에 세우기 위해 가정 기도회를 해야 한다고 주장했습니다. 목사들이 설교할 때 가정 예배를 장려하고 가정 예배가 없는 것을 이상한 일이라고 주장해야 한다고 했고, 한 집의 가장이 되는 부부가 입교하면 가정 예배를 권장해야 한다고 했으며, 목사가 설교 중에 가정 예배의 필요성을 역설하되 특히 아이들을 위하여 더욱 필요한 것임을 강조하도록 했습니다. 그리고 부흥회 때 성도들의 열심을 이용해서 그날부터 시작하라고 권해야 한다고 했고, 젊은 남녀가 결혼하면 가정 예배를 그날부터 시작하라고 권해야 한다고 했으며, 목사의 가정은 일반 교인들의 모범이므로 목사가 지나치게 분주해서 때로 가정 예배를 등한시하는 수가 있으므로 목사는 자

기 가정에 대하여 특별히 주의하여야 한다고 했습니다.[79]

　1922년에 발간된 '조선 예수교 장로회 총회 헌법'안에는 예배 모범과 더불어 공식 예배와 가정 예배에 대한 공식적인 뜻이 표명되어 있는데 그 내용을 살펴보면 "교회 내에서 공식 예배를 보는 것 외에 개인 기도하는 것과 일가족이 사사로이 하나님께 경배하고 기도하는 것이 당연한 본분"이라고 하였습니다.[80] 교회의 공적인 예배 외에도 성도 개인이 하는 기도, 가족이 가정에서 함께 드리는 가정 예배가 성도로서 마땅한 본분이라는 것을 장로교 헌법을 통해 명시하고 있습니다. 또한 가정 예배에 대한 실천적인 지침이 기록되어 있습니다. 가정 예배는 가정마다 아침과 저녁에 행할 것이며, 그 기본적인 내용으로는 기도와 찬송과 성경이 있어야 하고 '가장'이 예배를 인도하도록 했으며, '가장'이 예배 인도할 때 주의할 점이 무엇인지에 대해 안내합니다. '가장'은 가정 예배에 온 가족이 참여하도록 관리해야 하고, 가정 예배의 시작부터 마칠 때까지 모두 자리를 지키도록 해야 하며, 예배를 드릴 때는 하던 일을 멈추고 엄숙하게 예배하며, 기도와 찬송의 때에도 조심할 것을 당부하고 있습니다.[81]

　박형룡은 "교회의 보호와 간수를 받는 모든 사람은 그들의 가정이 정규적인 하나님 예배를 지속하도록 장려되어야 한다. 교회와 국가의 성격은 가족의 성격에 의뢰하는 바 크다. 만일 가정에서 종교가 사멸하면 다른 곳에서도 그것이 유지될 수 없다."[82]고 하면서 가정의 중요성과 그 가정에서 가정 예배가 드려져야 함을 강조했습니다. 대한예수교장로회 헌법(합동)에도 "교회 안에서 공식 예배를 드리는 것 외에 개인이 은밀히 기도하는 것과 가족이 사사로이 하나님께 경배하고 기도하는 것이 없지 못할 당연한 본분이다. 가정 예배는 집집마다 행할지니 아침저녁으로 기도하며 성경을 읽으며 찬송함으로 한다"[83]고 가정 예배의 중요성을 밝히고 있습니다.

더불어 나눔

(1) 신앙의 선조들이 가정에서도 예배를 드렸던 이유가 무엇이었을까 생각
　　해 봅시다.

(2) 가정 예배했던 신앙의 선조들의 모습을 보면서 느낀 점을 나누어 봅시다.

마음에 새기기

(1) 나의 후손들에게 물려주고 싶은 신앙의 유산은 무엇입니까?

5주

5주. 가정에 대한 이해

이 장에서는 가정의 정의와 기능, 성경이 말하는 가정의 모습, 하나님께서 가정을 세우신 목적이 무엇인지를 살펴보고 가정 예배를 드리는 장소인 가정의 모습이 어떠해야 하는지 알도록 합니다.

배움과 익힘

(1) 가정의 일반적 정의

가정의 사전적 의미는 단순히 부부를 중심으로 혈연 관계자가 사는 사회의 가장 작은 집단으로서 한 가족이 살림하고 있는 집안 혹은 사회와 국가를 이루는 기본적인 공동체의 단위를 나타냅니다.[84] 일반적으로 가정은 사회를 구성하는 최소단위로서 부부를 중심으로 이루어지며 개인이 이 세상에 태어나서 일차적으로 참여하는 환경입니다. 또한 가족 구성원이 공동생활을 하는 일차적이며 원초적인 생활공동체의 장소입니다. 인간은 누구나 가정을 통해서 삶의 과정에 필요한 기초적인 행동양식을 배우고 인격을 형성해 나갑니다. 가정은 법적 유대, 경제적 협조, 부부간의 성적 욕구, 정서적 상호 협조 등으로 통합되어 있습니다. 가정은 대부분 평생 또한 영구히 계속되는 관계입니다. 가정은 혈연을 중심으로 하고 자연 발생적인 공동운명체적 사회 집단의 성격을 갖고 있습니다. 따라서 가정은 구성원들에게 사회생활 능력과 의사소통, 상호 협력 등의 기술을 얻도록 해 줍니다. 그리고 가족 구성원 간의 위로와 인정을 통해 정서적 만족을 경험하는 곳입니다.[85] 가정이란 한 가족이 생활하는 집, 가까운 혈연관계에 있는 사람들의 생활공동체로 그 어원은 라틴어의 "Familia", "Famulus"로 인간이 임하는 최초의 역사적 환경으로서 혈연관계로 결합한 기초 집단입니다.[86] 가정은 사회 조직의 일차적 집단으로서 혈연관계로 결합한 애정 집단이며, 대부분의 생활을 함께하는 공동생활의 동거집단입니다. 또한 생활양식의 기초를 습득하고 기본적인 정서와 태도, 관습, 습관을 익히는 문화집단입니다.[87]

(2) 가정의 일반적 기능 [88]

가정의 일반적인 기능은 첫째 자녀 출산과 자녀 양육의 기능입니다. 역사적으로 가정은 자녀를 낳아 기르는 기능을 수행해왔습니다. 가족은 사망에 따르는 인구 충원을 계속하는 동시에 종족을 이어왔습니다. 부모는 자녀를 낳는데 서 그 역할이 끝나는 것이 아니라 낳은 자녀를 양육하고 교육할 책임이 있습니다.

둘째는 정서적 지지 기능입니다. 본능적으로 인간은 인정받고 소속감을 느끼고 애정을 주고받고자 하는 욕구가 있으며 이러한 욕구가 지속해서 충족되기를 희망합니다. 가족이 생활하는 과정에서 상호 간에 애정을 표현하고 가족 성원 간에 동일시하며 가족 성원들이 소속감을 느끼고 가족구조 내의 지위와 역할을 부여받으며, 정서적 지지를 받을 수 있는 가장 적합한 사회 기능 집단이 가족이라 할 수 있습니다.

셋째는 사회화 교육의 기능입니다. 사회화 교육은 사회생활을 하는 데 필요한 사회적 역할을 수행하며 집단, 가족, 사회의 시대에 적절하게 반응하면서 적응할 수 있는 사회적 능력을 키워 주는 것을 의미합니다. 사회화 교육의 내용은 사회생활에 필요한 역할 학습, 의사소통 능력, 가치관, 윤리관, 역할 기대 등에 관한 것을 말합니다. 그리고 사회가 개인에게 요구하는 일반적인 것보다는 대인관계에 있어서 상대방의 기대와 욕구에 대한 지식을 습득하는 데 강조점을 두고 있습니다.

넷째는 성애의 기능입니다. 결혼으로 생기는 부부 관계에서 성적 욕구를 충족시키는 기능을 성애적 기능이라고 합니다. 사회적으로 볼 때는 성적 통제의 기능을 수행한다고 할 수 있습니다. 이 기능은 인격적, 이성적인 애정과 신뢰에 의한 결합이라는 점에서 본능적인 것과는 다르며, 남자 여자의 본질적인 평등에 근거하여 당사자의 애정과 이해에 바탕을 둔 자유로운 계약으로 성립된다는 점에서 전근대적인 강제적 결합과는 다르다고 할 수 있습니다.

다섯째는 경제적 기능입니다. 이것은 가족의 생명을 유지시키고, 그 문화적 생활의 기반을 이루는 기능을 말합니다. 가족의 경제적 기능은 국가나 사회의 경제적 압력에 의하여 커다란 영향을 받기도 하지만, 가족의 소비생활의 형태가 생산의 패턴에 영향을 주며 가족의 경제적 축적이나 투자, 소비성향 등이 산업자금의 회전과 긴밀한 관계를 한다는 점에서 볼 때, 가족의 경제적 기능은 사회 경제에서도 중요합니다.

여섯째는 사회 안정의 기능입니다. 가정은 사회 구성의 기본 단위라는 관점에서 가족의 건전한 성장이 사회발전의 기틀이 된다고 하여 이 기능을 독립된 중요한 기능으로 다룹니다. 가정의 생활 안정과 가족의 건전한 단합, 가족생활의 행복이 곧 사회 안정의 기반이 될 수 있습니다.

일곱째는 종교적 기능으로 가족의 신앙 욕구를 충족하는 기능입니다. 종교적 의례나 의식의 수행만 뜻하는 것이 아니라 가족과 함께 살아가는 동안 삶의 진리를 터득할 수 있고 종교적 생활 태도를 보이는 것을 말합니다.

(3) 가정의 신학적 기능

하나님께서 함께 하시고 하나님의 뜻이 작용하는 가정을 기독교 가정이라고 합니다.[89] 가정은 하나님의 창조 질서에 있어서 가장 기본적인 단위입니다. 또한 가정은 창조의 질서에 따라 하나님이 창조하신 최초의 공동체입니다.[90] 하나님께서 첫 인간 아담을 창조하시고 그의 갈빗대로 하와를 만드심으로 하나님의 인간 창조와 함께 가정이 시작되었습니다. 가정은 남녀 두 사람이 부모를 떠나 독립해서 애정과 책임감을 수반한 인격적이고, 육체적인 연합을 이룸으로써 형성되는 하나님께서 설정해 놓으신 제도이며, 자녀를 낳아 기르며 자연을 다스리고 하나님을 섬기는 자리로써 인간에게 처음부터 주어진 삶의 형식입니다. 가정은 결코 우연의 결과가 아니며 교회보다도 먼저 제정되었고 국가보다 먼저 존재했습니다. 그리고 가정은 하나님의 창조와 사랑의 영역으로 해석되며, 바로 이 해석은 가정의 정체성과 그 회복을 풀어 가는 가장 중요한 신학적 전제가 됩니다.[91] 하나님께서는 가정을 창조하셔서 그 가정에서 참된 사랑과 나눔의 경험을 체험할 수 있도록 돕는 공동체를 허락하셨습니다. 그러므로 가정이란 하나님 창조의 구체적인 영역이고 가족은 인간의 사랑으로 인한 씨족 전달의 단순한 질서만이 아닌, 하나님이 창조하셨다는 초월적인 의미를 포함합니다. 가정은 모든 공동체의 근원이며 원형으로서 이 기본적인 공동체의 권리는 다른 어떤 공동체, 특히 국가의 권리보다도 절대적으로 우월합니다. 기독교 신앙은 가정의 정체를 밝히는 존재론적 근거를 제시합니다. 가정의 근거는 하나님의 창조 행위에 있으며 가정이란 하나님 창조의 구체적 영역이고 법칙입니다.

(4) 가정의 성경적 이해

가정은 창조에 근거를 둔 자연적인 생활 기반입니다. 가정이란 결혼이라는 제도를 통하여 형성되며 또 유지되어 나갑니다. 창조

기사를 보면, 하나님께서는 남자가 홀로 있는 것을 보시기에 별로 좋지 않게 여기시고 남자에게 알맞은 조력자인 여자를 주셨습니다. 하나님의 이러한 창조 사역은 가정의 출발 근거가 되며, 이것을 바탕으로 하여 하나님의 아름다운 뜻을 이루게 됩니다.[92] 가정은 하나님이 창조하신 남자와 여자의 본질에 기초하고 있으며 그로부터 발전해 나온 것입니다.[93] 하나님의 인간 창조 사역을 창세기는 이렇게 묘사합니다. "하나님이 가라사대 우리의 형상을 따라 우리의 모양대로 우리가 사람을 만들고… 하나님이 자기 형상 곧 하나님의 형상대로 사람을 창조하시되 남자와 여자를 창조하시고…"(창 1:26-27). 여기서 우리가 주목해야 볼 부분은 '하나님의 형상'과 '남자와 여자'라는 부분입니다. '하나님의 형상'에서 '형상'이란 깊고 영적인 성격을 가리키는데, 하나님께서는 인격체(person)이시기 때문입니다. 그러므로 하나님의 형상을 따라 지음을 받은 인간 역시 인격체입니다.[94] 인격체는 생각할 수 있고, 느낄 수 있고, 결정할 수 있습니다. 그리고 인격체는 다른 인격체와 더불어 소통을 합니다. 그렇게 보자면 남자와 여자 역시 소통하는 존재입니다. 인간은 자신을 창조하신 하나님과 소통을 하여 최상의 자아실현을 이루며, 남자와 여자는 가정 안에서 남편과 아내로서 소통합니다.[95]

기독교 가정 원리를 이해한다는 것은 곧 교회를 이해한다는 것이고 그 교회를 이해한다는 것은 하나님 나라의 원대한 계획을 이해하는 것입니다.[96] 하나님의 창조 경륜 속에서 우리는 이것을 발견할 수 있습니다. 하나님의 창조는 곧 하나님 나라의 시작이셨고 또 그것을 성취하시고자 하심의 첫 시작이 아담이라는 인류 조상의 가정을 이용하신 것입니다. 이것은 곧 교회의 시작을 의미하며, 하나님 나라를 이루기 위한 도구였습니다. 바로 그 나라 안에서 가정의 기원과 본질과 형태와 목적이 나타나는 것이며 바로 그 원리가 교회 구성의 기초가 되고 하나님 나라를 이루는 첫 출발이 되는 것입니다. 가정의 원리와 그 특성은 하나님의 창조 경륜과 구속의 경륜을 떠나서는 생각할 수 없습니다. 따라서 가정의 특성은 곧 하나님 나라의 특성이고, 교회의 특성도 또한 하나님 나라의 특성이 되는 것입니다. 가정이란 사회적 공동체의 최소단위로서 기본적으로는 혈연을 통해서 묶인 공동체를 의미하며, 가정은 하나님의 창조 질서로서 인간에게 주신 선물입니다.[97] 하나님께서는 인간을 창조하실 때 가정도 함께 만드셨습니다. 그러므로 가정은 하나님의 창조 섭리에 의한 것입니다. 성경에 나타난 가정은 생활과 종교가 함께 이루어지는 곳으로서 부모는 하나님의 뜻을 자녀들에게 전달하는 사명감을 가지고 자녀들을 종교적으로 훈련시켰습니다.[98] 성경에 나타난 가정은 신앙 공동체의 역할을 담당한 곳이었으며 하나님께서는 가정을 통하여 역사하셨습니다. 기독교 가정은 하나님께서 창조하신 "남자와 여자의 본성"에 근거를 두고 있습니다. 가정은 남녀 두 사람이 부모를 떠나 즉, 독립해서 애정과 책임을 수반한 인격적, 육체적 연합을 이룸으로 형성되는 하나님께서 세우신 제도입니다. 하나님의 창조 사역은 인간 창조에서 그 절정에 이르게 되었고, 특히 가정 제도를 제정하심으로 하나님의 형상으로 지음을 받은 인간은 가정이라는 공동체를 통해 하나님의 뜻을 나타내게 되었습니다. 따라서 가정은 하나님께서 계획하신 것이며, 그 가정 자체가 곧 하나님의 메시지였습니다. 사실 가정은 교회보다 먼저 제정되었고, 국가보다 먼저 존재했습니다. 그러므로 가정이란 가장 근본적이며, 최초의 것입니다. 하나님은 이 가정을 통해 언약하셨고, 만물이 선하고 아름답게 창조된 것처럼 가정도 선하게 이루어졌습니다. 따라서 가정은 하나님께서 세우신 선하고 거룩한 질서입니다.[99]

① 구약에서의 가정 이해

구약 성경에서 '가정'이란 말은 넓게 보자면 혈연관계나 혼인으로 연결되는 사람의 집합체를 의미하고 좁게 보자면 남편과 아내, 그리고 그 사이에서 태어난 자녀를 말합니다.[100] 성경은 "하나님이 자기 형상 곧 하나님의 형상대로 사람을 창조하시되 남자와 여자를 창조하시고"라고 합니다. 또한 하나님께서 아담에게 "사람이 혼자 사는 것이 좋지 아니하니 내가 그를 위하여 돕는 배필을 지으리라 하시니라"(창 2:18)라고 하셨습니다. 이는 가정이 하나님께서 친히 정하신 거룩한 제도라는 것을 뜻합니다. 또 여자는 남자를 돕는 배필로 부부의 언약적 연합의 관계를 말합니다.[101] 이는 남자와 여자의 위치와 기능을 말하는 것입니다. 남자와 여자는 서로 상호 존중과 조력, 이해의 관계에 있습니다. 부부는 부모를 떠나서 서로 한 몸을 이루어 친밀한 가운데 가정을 세워갑니다.

구약 성경에서는 이러한 가정의 모습을 하나님께서 사용하시는 도구로 보았습니다. 그러므로 가정은 하나님의 창조 섭리 가운데 이루어진 것이며, 가정을 "하나님의 뜻"을 이 땅 위에 이루어 가는 도구로 여긴 것입니다. 가정은 하나님의 뜻이 구체적으로 전달되고 하나님의 뜻이 이루어져야 하는 곳이기 때문에, 가정은 신앙의 현장으로써 특별히 자녀들의 신앙을 책임지는 '살아 있는 종교 교육의 현장'이었습니다.[102] 부모에게 가장 중요한 의무는 자녀를 신앙으로 성장하도록 양육하는 것이었습니다. 구약에서는 신명기 교훈을 통해 볼 때 가정의 교육적 기능이 강조되었습니다. 루터는 하나님께서 젊은이를 교육하는 책임을 주로 가정에 맡기셨다고 하였습니다. 성경은 가정을 통하여 하나님의 말씀을 가르치도록 교훈하고 있습니다.[103] 신명기에서 말하고 있는 가정에서의 교육은 예배를 통한 신앙 교육입니다. 부모의 제사장 역할은 신명기가 가르치는 교훈입니다. 가정은 친교나 교육보다 예배를 우선시해야 했고, 가정에서 이루어지는 예배를 통하여 가족 구성원들은 하나님과의 교제를 이루어 갔습니다.[104] 구약의 가정은 대표적인 가부장 제도를 택합니다. 가정은 가장에 의해 유지되었으며, 아버지가 가장으로서 가족의 신앙 그리고 생활까지 가족의 삶의 모든 분야를 주관하였습니다. 또한 어머니는 가정에서 위로의 기능을 감당하였습니다. 이사야 선지자는 이 기능을 이사야 66장 13절에서 "어미가 자식을 위로함 같이 내가 너희를 위로할 것이라"라고 하였습니다. 하나님께서는 가정을 통해 하나님에 대한 믿음을 키워 가셨습니다.

② 신약에서의 가정 이해

신약 성경에서 가정을 표현한 헬라어는 '오이키아' 혹은 '오이코스'로 확대가족을 의미합니다. 이 단어들은 혈통 중심인 가정의 일반적 의미를 넘어서 그리스도를 중심으로 신앙의 관계로 맺어진 가정공동체를 의미합니다. 신약에는 가정에 대한 언급이 별로 나타나고 있지 않습니다. 그러나 이것이 가정에 대한 중요성을 신약 성경이 간과하고 있다는 것을 나타내는 것은 아닙니다. 신약시대에서 기독교 가정은 거의 교회와 흡사했습니다. 실질적으로 개개인의 가정은 적어도 가정이 생성되는 그 날로부터 지상 교회의 자체였습니다(고전 16:15). 특히 유대교 회당에서 기독교인들이 예배하는 것을 금지하고 박해를 가하기 시작한 후로는 가정은 하나님께 예배를 드리기 위해 서로 만나는 근본적인 장소가 되었습니다. 결국 그들은 교회당을 짓게 되었지만 초대교회 시대에는 공적으로 금지되어 있었습니다. 그러므로 신약에서 "가정 교회"에 대한 많은 자료를 발견할 수 있습니다(롬 16:3~4, 고전 16:19, 골 4:15, 몬2). 곧 신약 성경에 나타난 가정은 축소된 교회의 실제요 모형이라는 것을 유추해 볼 수 있습니다.[105] 신약에 나타난 가정의 가장 뚜렷한 특징은 각 구성원이 어떤 책임감과 역할을 가지고 있다는 데 있습니다. 또 다른 특징은 무제약적 사랑을 준비하고 이런 기능을 강조합니다. 각 가정의 구성원들은 가정이 무한한 동정과 이해 그리고 서로를 위한 격려를 펼쳐 나가는 곳이 될 것을 희망한다는 것입니다. 마지막 특징은 친밀성에 있습니다. 만약 친밀성이 다른 사람들의 평안을 위한 친절하고 민감한 관심으로 정의 된다면 가족 안에서의 친밀성 역시 성경적이라고 할 수 있습니다.

가정이 성경적 기초 위에 세워져야만 하는 이유는 첫째, 하나님께서 직접적인 계획과 의도에 의해서 세우신 신적 기관은 가정과 교회 둘밖에 없기 때문입니다. 가정과 교회는 피차 도와주어야 합니다. 교회는 가정을 돕고 가정은 교회를 도와주어야 합니다. 둘째, 그리스도인들의 영적 사역의 기초가 가정이기 때문입니다. 신앙인으로서 중요하게 생각하는 영적 사역들이 있는데 기도하는 일, 전도하는 일, 선교하는 일입니다. 그런데 이 모든 사역의 기초가 가정에서 시작됩니다. 베드로전서 3장 7절 하반 절에서 남편이 아내를 귀히 여겨야 할 이유는 기도가 막히지 않게 하려 함입니다. 하나님이 기뻐하시는 영적 사역의 출발점은 바로 가정이라는 뜻입니다. 셋째, 가정은 하나님의 백성들이 성공적인 삶의 전제 조건을 형성하는 장이 마련되는 곳입니다. 시편 127편을 통해 행복한 가정을 원하고 행복한 가정을 위해서 노력하는 그 많은 시도와 노력에도 불구하고 하나님께서 세워주지 아니하시면 이 모든 행복을 위한 우리의 노력은 헛될 수밖에 없음을 알 수 있습니다. 넷째, 가정은 인간의 고독에 대한 하나님의 유일한 처방입니다.[106]

(5) 가정의 목적
① 하나님 나라의 확장을 위한 가정
하나님께서 제정하신 가정의 목적은 하나님을 영화롭게 하고 그

분께 영광을 드리는 것입니다. 가정은 하나님께 영광을 올려드리는 도구로 존재합니다. 가정을 통해 하나님의 뜻이 이 땅에 실현하도록 합니다(고전 10:31, 롬 11:36). 하나님께서 창조하신 가정의 또 다른 목적은 가정을 통하여 하나님의 나라를 이 땅 위에 확장하는 것입니다. 성도의 가정은 그 자체에 어떤 목적이 있는 것이 아닙니다. 가정은 하나님 나라의 확장이라는 궁극적 목적을 이루기 위한 도구입니다. 성도의 가정은 하나님을 예배함으로 인하여 하나님의 은총을 누리며, 가정의 각 가족 구성원들이 하나님의 창조 목적에 부합한 삶을 살도록 하는 것입니다.[107]

② 종족 보존자로서의 가정

가정은 하나님을 믿는 신앙 안에서 동반자적 삶을 삽니다. 가족 구성원들은 가정을 통해 이해와 사랑을 나누고 그 안에서 동반자적 삶을 살게 됩니다. 히브리인의 자녀 개념은 '유산'입니다. 유산은 일반적으로 죽은 부모에게 물려받는 물질적 재산을 뜻합니다. 그러나 히브리인에게는 자녀가 가장 가치 있는 유산이며 복의 상징입니다. 히브리인은 하나님이 주신 인간의 생명을 귀하게 여기는데 그 이유는 인간은 하나님의 형상을 닮았기 때문입니다.[108] 인간은 하나님의 형상으로 지음을 받았으므로 가정을 통해 피차 서로 사랑하고 이해하는 삶을 살면서 사랑의 기관으로서의 사명을 감당해야 합니다. 그리고 부부간에는 가정 안에서 성적인 욕구를 합법적으로 충족하고, 경건한 자녀를 출산하고, 자녀를 전인격적이고 신앙적으로 바르게 양육해야 합니다.[109]

③ 문화 사명 담당자로서 가정

성도의 가정은 하나님께서 내리신 문화 명령인 "생육하고 번성하여 땅에 충만하라(창 1:28)"라는 명령과 지상명령인 "땅끝까지 이르러 내 증인이 되라(마 28:18~20)"라는 명령을 따라야 합니다. 그래서 하나님의 섭리하심과 통치하심을 가정으로부터 시작해서 가족 구성원들이 속한 모든 삶의 현장으로 구체적으로 실현해 나가는 것입니다. 기독교 가정이 이 세상에서 여러 분야에 접촉하고, 관계를 맺고 있는 모든 영역에서 하나님의 다스리심이 이루어지기를 바라는 간절함이 가정에 주어져 있는 것입니다.[110] 성도의 가정이 이것을 이루기 위한 원동력이 되어야 하므로 기독교 가정은 가족 구성원들이 이 세상에서 문화 사명자로서의 책임감을 느끼고 본인이 갖춘 능력을 최대한 발휘하여 하나님의 역사가 이 땅에 이루어지기를 소망해야 합니다.

④ 신앙의 훈련장으로서의 가정

가정에서 가족들 각자가 하나님의 인격적 특징들을 삶에서 구현함으로 하나님의 거룩한 이름을 드높이는 것입니다. 그리고 '경건한 자손'(말 2:15)을 출산하고 자녀들을 신앙적이고 전인격적으로 바르게 양육하는 것입니다.[111] 가정에서 이루어지는 신앙 교육은 세상 교육과는 다릅니다. 교육의 내용은 하나님과 구원입니다. 기독교 교육은 단순히 윤리적 차원을 넘습니다. 신앙 훈련장으로서의 가정에서 부모는 얼마나 하나님을 사랑하는지 보여줘야 합니다. 신자의 가정 교육은 하나님 나라의 교육입니다. 세상과 세상의 지혜가 아닌 모든 삶의 근원인 하나님을 배우는 것입니다. 여기에 가정의 목적이 있습니다.[112] 이는 신약시대에 예수님의 증인공동체가 '제자 삼고 가르쳐 지키게 하는' 지상명령(마 28:18~20)에 충실해야 하는 것과 연관이 있습니다. 따라서 그리스도인 가정은 교회의 본질적인 사명인 '예배'와 '교육'과 '전도'와 '봉사' 및 '교제'하는 가정 교회로서의 목적이 있습니다.[113]

더불어 나눔

(1) 성경이 말하는 가정의 기능과 우리 가정의 모습은 어떠한 차이가 있는지 나누어 봅시다.

(2) 가정을 세우신 하나님의 목적과 가정을 향한 내 생각은 어떤 차이가 있는지 나누어 봅시다.

마음에 새기기

(1) 나는 하나님께서 세우신 가정을 하나님의 뜻대로 세워가고 있습니까?

6주

6주. 부모 역할에 대한 이해

 이 장에서는 기독교 부모의 역할이 무엇이며, 부모 역할의 원리가 무엇인지 알도록 합니다.

배움과 익힘

 (1) 기독교 부모 역할

 가정 예배를 하는 데 있어서 여러 가지의 방해 요인이 있겠지만 그 중에서도 인도자의 인도 능력 부족에 대한 두려움이 주요 요인이 됩니다. 한 연구에 의하면 가정 예배를 드리지 않는 가정을 대상으로 설문조사를 실시한 결과 가정 예배를 드리지 않는 이유로 가정 예배를 인도할 사람이 없다는 응답이 18.7%로 나타났습니다. 이는 두 번째로 높은 결과였는데 참고로 가정 예배 실행의 방해 요인 중 가장 큰 비중을 차지하는 것은 '게으름'(22.6%)이었습니다.[114] 이를 통해 볼 때 정작 가정 예배를 인도하여 자녀의 신앙교육을 책임져야 할 부모들이 오히려 가정 예배 실행에 대해 자신감이 떨어지거나 부담감을 느끼는 등의 모습을 보였고 이러한 이유로 가정 예배를 실행하지 않고 있었습니다. 따라서 가정 예배 전에 인도자가 충분한 역량을 갖춤으로 인하여 가정 예배 활성화를 도모할 수 있습니다. 기독교 부모는 통치자, 감독자, 목사, 설교자, 교사, 상담자 등의 기능을 하며 자녀들을 가르치고 훈계하고, 징벌하기도 하며 살피고 양육해야 합니다. 이러한 직무는 하나님이 부모에게 특별히 맡기신 것이고 은혜의 산물입니다.[115]

기독교 가정의 부모는 자기의 자녀들이 거룩한 신앙의 공동체에서 축복을 누릴 수 있도록 가르쳐야 할 사명이 있습니다. 그래서 가족 공동생활이 기독교적으로 늘 유지되도록 해야 하고, 기독교적인 삶을 살도록 훈련해야 하며, 자녀들이 스스로 그리스도를 위해 살겠다고 헌신할 수 있도록 이끌어야 합니다. 끝으로 가족 구성원들이 신앙이나 생활에 있어서 서로 연대적인 책임 의식을 갖도록 훈련해야 합니다.[116]

모든 인간이 최초로 접하게 되는 교육의 장은 부모와 가정입니다. 가정이 교육의 장이 되는 이유는 인간의 출생은 하나님의 복과 직결되며 하나님의 복을 받은 가정에서 시행되는 교육은 바로 하나님의 뜻을 이루어 드리는 실천의 장이기 때문입니다. 가정은 하나님께서 직접 만들어 주신 최초의 기관이며 가장 오래된 교육 기관이요 가장 영향력 있는 교육 기관입니다. 비록 현대의 가정이 과거의 가정처럼 그 본래의 기능을 제대로 수행하지도 못하고, 특히 가정의 교육적인 기능이 사회교육 기관들에 대체되었다 할지라도 가정은 여전히 자녀들이 끊임없이 지속해서 접촉하는 기관이므로 제일 중요한 사회 기관입니다.[117] 히브리 시대 가정에서의 교육은 종교적 사상이나 그들의 신앙 구조를 추상적으로 전달하는 것이 아니라 가정의 엄격하고도 부드러운 분위기 속에서 참여, 행위, 대화를 거쳐 경험의 차원에서 이루어지는 교육이었습니다. 이러한 교육 속에서 부모들의 중요한 과제 중의 하나는 자녀들을 신앙적으로 성장하도록 가르치는 일이었습니다. 부모는 가정에서 자녀의 마음이 하나님에 대한 두려움과 성경에 대한 존경심을 가질 수 있도록 해야 합니다.[118] 가정은 하나님의 뜻이 구체적으로 전달되고 생활화되어 있는 곳이기 때문에 신앙 교육의 살아있는 현장이 됩니다. 가정에서 성품을 지배하는 힘이 발휘되는데 이 힘은 부모들에 의하여 자녀들을 가르치고, 격려하고, 설득하고, 지배할 때만이 아니라 어떤 형태의 고의적인 통제 없이도 행사된다고 합니다.[119] 가정에서의 교육은 가르치는 특정 시간으로만 한정되는 것이 아니라 먹는 시간, 잠자는 시간, 앉아 있는 시간 등 가정 안에서의 모든 활동 안에서 일어난다고 볼 수 있습니다. 가정에서의 교육은 가족 구성원 간의 사랑과 신뢰를 바탕으로 하여 성립되는 것이므로 자녀의 조화로운 성장 발달에 지속적인 영향을 미치는 전인교육의 현장이 바로 가정입니다.[120] 한 사람의 성장은 그가 자라온 가정, 교회, 사회 환경 등에 영향을 받습니다. 자녀가 신앙공동체인 가정에서 부모와 상호 작용할 때 그 공동체가 가지고 있는 의식, 태도, 신앙고백, 가치관 등의 기독교적 사는 방식을 형성할 수 있게 됩니다. 그러므로 사회의 기본이며 신앙공동체로서의 가정은 한 사람을 기독교인으로 성장시킬 수 있는 중요한 장소가 되며 이러한 가정에서의 부모 역할은 매우 중요합니다.[121]

① 구약 시대의 부모 역할

기독교의 역사적 배경을 통하여 부모의 위치와 맡은 사명이 얼마나 크며 중요한지 살펴볼 수 있습니다. 구약 시대 히브리인의 가정에서의 부모 역할을 살펴보면, 히브리인들은 삶 자체가 부모의 교육이었으며 교육을 종교 교육의 이상 실현을 위한 최상의 길로 알아 교육적 책임을 잊은 적이 없었습니다. 이를 수행하기 위해 전 민족적인 선민 공동체, 부족 및 씨족 공동체, 회당 공동체 등이 있는데, 그 중에서도 가정은 가장 기본적인 공동체로서 히브리 민족 종교 교육의 중심이었습니다. 구약의 이스라엘 백성들은 하나님께서 택하신 거룩한 선민으로 그들이 거룩하게 된 것은 그들의 행위가 의롭기 때문이 아니고 하나님이 '너는 내 것'이라고 택하셨기 때문입니다(레 20:26). 따라서 이스라엘 백성들의 성결 교육이라는 것은 이방인의 죄악된 세속과 분리된 삶의 교육을 말합니다. 즉 하나님께 속한 이스라엘 백성들은 거룩한 선민이기 때문에 '하나님의 형상'을 닮도록 교육을 했습니다.[122] 히브리 민족의 가정 교육의 주체는 부모이며 부모는 자녀 교육을 위탁받은 최초의 교사였습니다. 히브리 민족에게는 종교와 부모 교육이 거의 같은 의미로 받아들여졌으며 부모에게는 부모의 권위만이 아니라 교사의 권위도 있었습니다.[123]

② 신약시대의 부모 역할

신약시대 가정의 모습은 공동체로서의 모습이 특징적입니다. 새로운 언약으로 맺어진 공동체의 모습을 갖고 있었으며, 그리스도의 몸 된 교회의 지체로서 공동체의 모습을 갖고 있었습니다. 그런 의미에서 초대교회는 공동생활을 하면서 재산을 공동으로 소유하고, 식사를 같이 나누고, 사귐이 있고, 함께 경건에 힘을 쓰며, 사리사욕을 멀리하는 등의 공동생활이라는 이념을 갖고 하나가 되는 것을 강조하였습니다(행 2:44-47). 이를 통하여 그리스도와 한 몸을 이루는 공동체의 교제가 이루어졌습니다. 공동 식사와 가정예배, 성도 간의 교제 등으로 교회 안에서 가르침을 받은 성도들은 그리스도의 몸 된 지체로서의 생활을 하였습니다. 신약에서 기독교 가정의 부모는 그 역할이 구약의 가정과 마찬가지로 자녀에 대한 교육적 책임이 있었으며 그것이 중요하게 여겨졌습니다. 다만 구약 시대와 같은 가족생활 윤리가 명백하게 제시된 것은 아니었습니다. 그렇다 할지라도 신앙의 부모는 부모에 대한 권위를 구약에서 말씀하고 있는 것과 같이 계명에 그 기초를 두고 강조하였습니다. 하지만 구약에서 아버지의 역할이 절대 군주와 같은 모습이었다면 신약에서의 부모는 오히려 자녀를 노엽게 하지 말라고 가르치고 있습니다(엡 6:4, 골 3:21). 또한 구약에서는 가부장적인 전통을 따라 신앙의 기업을 아버지를 통해 전수받고 지도를 받았다면, 신약에서는 아버지와 함께 어머니의 역할도 크게 두드러지고 있습니다(딤후 1:5). 교회에서 부모가 해야 할 의무 사항으로 자녀교육을 강조하였으며, 교부들의 등장으로 교육은 이전보다 더 강조되었고, 부모는 자녀 교육에 대한 사명감을 가지고 자녀를 훈련

하였습니다.[124]

③ 중세, 근대의 부모 역할

중세시대에는 가정보다 교회 주도의 교육이 이루어졌으므로 교회의 권한이 확대되었고 부모의 역할은 약화되었습니다. 중세의 금욕주의적인 수도원 교육은 중요한 신앙 교육의 장이 되었던 가정을 외면하였습니다. 또한 하나님의 은총의 통로로 성례를 강조하면서 상대적으로 하나님의 말씀과 하나님의 말씀에 대한 교육의 중요성은 약화되었습니다. 하나님의 말씀을 가르쳐야 할 교육적 사명이 경시되었으며, 오히려 성례에 성실히 참여하는 것이 강조되었습니다. 또한 아동을 위한 교육의 필요성에 대해서도 무관심했습니다. 이러한 중세시대의 교육은 부모를 자녀 교육의 주체자로 보지 않았고 결국 부모 역할을 상실할 처지에 이르게 되었고, 신앙 교육의 책임 또한 약화하여 점차 부모는 자녀의 신앙 교육에 무관심하게 되었고, 교회의 관습과 권위를 전적으로 따르면서 자녀의 신앙 성장에는 무관심했습니다.[125] 종교개혁자들은 부모 역할의 관점에서 볼 때, 부모 역할의 개념을 역사적으로 회복시키고, 새로운 방향을 제시했습니다. 종교개혁자들은 중세에 약화되었던 부모의 영적, 교육적 권한 및 책임을 성경적으로 회복하였습니다.[126] 종교개혁자들은 하나님께서 부모에게 자녀의 신앙 교육적 권한과 책임을 부여하셨음을 분명히 하였고, 부모는 가정의 통치자로서 자녀 양육의 의무를 게을리하지 말아야 할 것을 강조하였습니다.

근대에 들어서면서 부모가 자녀를 어떻게 양육할 것인가라는 문제가 이론적으로 정립되기 시작했습니다. 그리고 20세기 후반에 이르러서는 그 이론들이 점점 다양해지고 널리 퍼지게 되었습니다. 이렇게 다양하게 개발된 부모와 자녀 교육에 관한 이론들은 정신분석학과 심리학의 연구와 맞물려 활발히 연구가 진행되었고, 여기에서 행동주의 이론이 자녀 양육의 원리로 제시되었습니다. 그리고 과학적으로 자녀를 양육하는 법, 유아기 경험의 중요성, 부모 교육 등이 강화되었습니다. 20세기 후반에는 영유아 발달에 관한 객관적이고도 과학적인 방법들을 동원한 연구가 등장했습니다. 이렇게 다양하게 자녀 교육과 부모 역할에 대한 프로그램과 이론이 등장한다는 것은 그만큼 사회가 부모의 역할과 자녀 교육에 관심이 있다는 증거이며, 이로 인해 그동안 관심이 없던 이들도 시류에 맞물려 이에 대한 관심을 두게 되었으며, 이런 움직임들은 기독교 부모에게도 부모 역할과 자녀 교육에 대해 각성하는 계기가 되었습니다. 기독교의 역사적 배경하에서 부모 역할은 자녀를 다음 세대에 연결하는 역할이고, 가정을 다음 세대에 연결하는 역할이며, 더 나아가서는 하나님의 사역과도 연결되고, 마침내 하나님의 대리자로의 막중한 책임을 갖고 있음을 볼 수 있습니다. 부모는 가정 회복과 가족 간의 관계 회복을 위해 그 역할을 잘 감당할 수 있도록 더욱 자신을 개발해야 합니다.

 (2) 부모 역할의 원리
 시대의 변화 속에 기독교 가정은 흔들리고 있습니다. 이러한 변화에도 불구하고 부모는 자신이 어렸을 때 부모에게서 받은 교육을 고집할 수 없으며, 부모 자신이 성장기에 받은 상처를 그대로 자녀들에게 전해주고 있다는 것은 고려해 보아야 할 문제입니다. 하나님은 믿음이 무너진 시대에 다시 믿음의 다음 세대를 세우고자 하실 때, 먼저 부모 세대를 불러 회복시키신 후 그들을 다음 세대에게 신앙을 전수하도록 하셨습니다.[127] 성숙한 부모의 역할은 인간의 창조 질서에 맞게 성경으로 돌아가야 그 해답을 찾을 수 있습니다. 그 원리는 다음과 같습니다.

① 부모의 교사 역할

부모는 자녀들에게 있어서 이 세상의 첫 스승이며, 어머니의 무릎은 첫 교실입니다. 교육에서 환경의 중요성은 지대합니다. 그 가운데서도 부모가 만들어 내는 교육환경은 자녀들의 인격 형성에 중요한 역할을 합니다.[128] 그만큼 가정에서 부모는 자녀 교육에 있어서 책임 있는 존재입니다. 부모는 자녀에게 가장 많은 영향을 끼칩니다. 부모가 가정의 교사라는 것이 히브리 단어에도 잘 나타나 있습니다. 히브리어로 '교사들'을 '모림'이라고 하고, 부모들을 '호림'이라고 하는데 교사와 부모는 똑같은 히브리 어원을 갖고 있으며, 유대인의 성경인 '토라'란 단어의 뿌리이기도 합니다. 이 두 단어의 뿌리는 첫째, 가르치는 것, 둘째, 쏘는 것 즉 화살을 목표물에 조준하여 쏘는 것입니다. 이 말은 교사와 부모는 모두 우리를 가르치려고 노력하고 옳은 목표를 정하여 인도한다는 뜻입니다.[129]

신명기 6장 7절은 부모에게는 자신들이 소유한 종교적 유산을 자녀들에게 물려주어야 할 사명이 있다고 합니다. "오늘날 내가 네게 명하는 이 말씀을 너희는 마음에 새기고 네 자녀에게 부지런히 가르치며 집에 앉아 있을 때에든지, 길에 행할 때에든지 이 말씀을 강론할 것이며". 이 구절은 하나님의 말씀과 하나님께서 행하시는 일이 가정에서 우선 되어야 하고, 자녀 양육에도 지침이 되어야 함을 시사합니다.

부모는 먼저 솔선수범하여 하나님의 말씀을 마음에 새기고 실천해야 합니다. 특별히 하나님의 말씀을 마음에 새기고 실천해야 한다는 것은 말씀을 이지적으로만 이해하지 말고 삶 속에서 직접 경험해야 한다는 것입니다. 부모들이 자녀들을 말씀으로 양육할 때, 무엇보다도 열심히 '가르치는 일'과 시간과 장소에 구애됨이 없이 항상 말씀을 '강론하는 일'에 전력할 것을 강조하고 있습니다. 또한 자녀들을 더욱 잘 가르치기 위하여 부모들은 신체의 중요한 부분인 손목과 미간에 말씀의 표를 붙이며, 삶의 공간 중 가장 중요한 지점인 문설주와 바깥 문에 이 말씀을 기록하여 부착시켜야 했습니다. 이러한 의식들은 종교적이고 교육적인 상징으로서 역할을 하면서 일상적인 생활 속에서 하나님의 말씀을 잊지 않도록 도와주는 일종의 시청각 교재와 같은 역할을 하였습니다.[130]

기독교 가정에서 부모는 교사의 사명을 가지며, 자녀들이 거룩한 신앙생활을 누릴 수 있도록 가르쳐야 합니다.[131] 부모는 자녀가 신앙적인 삶을 살도록 가르쳐야 하며, 자녀 스스로가 신앙의 고백을 하기까지 이끌어야 합니다. 이를 이루려면 먼저 부모가 하나님 앞에서 부모에 대한 사명 의식이 뚜렷하여 자녀에게 신앙적 삶과 교훈의 본을 보임으로 고스란히 자녀에게 전수되도록 해야 합니다. 부모는 언어를 통해 자녀를 가르칩니다. 교육, 훈계와 같은 방법이 여기에 해당합니다. 언어 외의 방법은 가정 내의 분위기나 부모가 보여준 삶의 모범을 통한 교육입니다. 자녀 교육은 말의 전달로 그치는 것이 아니라, 말이 온유와 사랑의 모습으로 함께 나타날 때 비로소 산 교육이 될 수 있습니다. 부모가 자녀를 교육하는 것은 머릿속에 지식을 집어넣는 주입식 교육이 아니라 부모의 말과 행동을 통해 자녀에게 배우도록 하는 관계 지향적인 교육입니다.[132] 교사로서의 부모가 해야 할 역할은 자녀들의 인격을 형성하는 데에나 인생의 방향을 결정하는 데 있어서 매우 중요합니다. 하지만 더욱 중요한 것은 부모의 삶이 자녀들에게 구체화되는 것입니다. 그렇게 부모의 삶이 자녀에게 본이 될 때 하나의 본보기가 됩니다.[133]

② 부모의 상담자적 역할

부모는 자녀에게 상담자의 역할을 합니다.[134] 상담자로서의 최대의 강점은 사랑입니다. 자녀를 사랑하는 마음이 부모의 기저에 깔려 있어서 자녀의 아픔을 공유하면서 자녀의 고민을 들어주게 되므로 부모는 자녀에게 최고의 상담자가 될 수 있습니다. 상담이 원활하게 이루어지기 위해서 부모는 자녀들의 특성을 제대로 이해하여 자녀들과 의사소통을 이루어 가야 하고, 친밀한 관계를 유지해야 합니다. 부모는 자녀가 가진 고민과 걱정과 염려 등에 대한 원인이 무엇인지를 파악해야 하고, 그에 대한 치료 방법을 제시할 수 있어야 하며, 자녀가 어떤 문제를 상담하더라도 유연하게 대처할 수 있어야 합니다. 만약 강압적이거나 고자세를 취한다면 상담이 한계에 부딪히게 될 것입니다. 부모는 자녀를 이해해 주고, 용납해 주고, 사랑으로 품어 주어야 합니다. 부모는 자녀가 겪는 문제들을 이해하고 상담하기 위한 자질과 훈련이 필요합니다. 자녀를 향한 끊임없는 사랑과 관심, 그리고 말씀과 기도 안에 거하는 삶을 살아갈 때 이러한 상담자로서의 부모 역할을 잘 감당할 수 있을 것입니다.

③ 삶의 지도자적 역할

부모는 자녀에게 있어서 가정 목회자이며, 삶의 지도자입니다. 부모는 자녀의 삶에 많은 영향을 끼칩니다. 그만큼 부모의 책임이 크다고 볼 수 있습니다. 부모는 하나님께로 부모라고 하는 직무를 받았습니다. 부모는 자녀를 책임져야 하고, 사랑해야 합니다. 부쉬넬은 "아이는 부모의 눈을 통하여 세상을 본다. 부모들의 목표는 바로 그 아이의 것이 되며, 그들의 생명과 영혼은 아이를 형성시킨다. 그러므로 부모가 천박하면 아이도 천박할 수밖에 없다"라고 하였습니다.[135]

④ 제사장적 역할

예수 그리스도는 자신을 하나님께 화목 제물로 드리는 제물이자 제사장으로서 조건 없는 아가페의 사랑을 행하셨고 이로 인해 죄를 범한 인간과 하나님 사이의 관계를 회복하는 유일한 중보자가 되셨습니다. 이처럼 부모는 자신의 자녀와 하나님과의 관계를 회복하기 위한 중보자로서 서야 합니다. 제사장이 하나님께 기도하면서 하나님께서 백성들의 죄를 사해 주실 것을 구하였던 것처럼 부모는 하나님께서 자녀들의 죄를 용서해 주실 것을 기대하며, 하나님께 기도하여야 합니다. 부모가 자녀를 위한 기도를 하나님께 올리는 것은 가정의 영적 책임을 감당하는 것입니다. 따라서 자녀의 부족한 부분을 안고 하나님께 기도하고 또 자녀들을 통해 하나님의 영광이 나타날 수 있도록 자녀들의 장점과 잠재력을 축복하는 제사장의 역할을 감당해야 합니다.[136]

더불어 나눔

(1) 성경이 말하고 있는 부모의 역할이 무엇인지 말해 봅시다.

(2) 부모의 역할을 증진하기 위해 어떤 노력을 해야 할 것인지 나누어 봅시다.

마음에 새기기

(1) 하나님께서 부모에게 맡기신 역할이 있습니다.

(2) 부모의 역할을 잘 감당해야 합니다.

7주

7주 부모 역할 증진과 부모 교육

이 장에서는 가정 예배를 드리기 위한 부모의 역할 증진의 필요성을 살펴보고 이를 위한 부모 교육이 무엇인지 살펴봅니다.

배움과 익힘

(1) 부모의 역할 증진

부모의 역할을 제대로 감당하기에는 어려움이 많습니다. 그러나 이유 여하를 불문하고 부모는 자녀에게 사랑을 베풀어야 합니다. 자녀를 사랑으로 돌보며 자녀를 위해 헌신하는 것이 부모의 역할입니다. 현대 사회에서는 부모의 역할을 감당하기가 더 어려워지고 있습니다. 하지만 그런데도 포기하지 말아야 할 부모의 역할은 하나님께 기도하는 것입니다. 하나님께서 우리 가정의 주인이 되어 주시고, 인도자가 되어 주시니 늘 의지하는 마음으로 기도해야 하며, 기도를 통해 자녀를 하나님의 말씀으로 양육해야 합니다. 또한 자녀와의 대화로 인한 소통을 통해 부모와 자녀와의 관계에 어려움이 생기지 않도록 하며, 행여 문제가 생겼더라도 문제가 쉽게 해결될 수 있도록 평소에 관계 유지를 해야 합니다. 그리고 감정적으로 대처하거나 이견이 있을 때 이것을 무시해 버리지 말고, 서로 이해하는 넓은 아량이 필요합니다. 기독교 가정에서의 부모의 역할은 하나님의 은혜 안에서 이루어지는 축복의 사역입니다. 부모는 가정 안에서 신앙 계승의 사명을 이루기 위해 노력해야 합니다. 많은 부모가 영적인 문제에 대해서 스스로 부적합하다고 생각합니다. 그리고 자녀의 영적 성장을 이루기 위해 자신보다는 목회자가 더 잘 준비된 사람이라고 생각합니다. 물론 목회자는 신학교에서 훈련을 받았습니다. 성경 말씀에 대해서도 잘 알려주며, 영적 성장을 위해서도 잘 지도합니다. 하지만 부모들은 자녀를 영적으로 훈련하는 것과 관련하여 다음과 같은 질문에 대해 생각해 보아야 합니다. 첫째, 내 자녀들을 영적으로 양육하는 것이 얼마나 중요한가? 둘째, 내가 부모로서 영적 지도자가 되는 것이 얼마나 중요한가? 셋째, 하나님께서는 내가 이 사명을 감당하는 데 적합하도록 어떤 면에서 나를 준비시키셨는가? 넷째, 아이를 영적으로 더 잘 성장하게 하려고 나 자신을 어떻게 준비할 수 있겠는가?

가정보다 중요한 곳은 없습니다. 아버지는 가정에서 영적 지도자입니다. 구약 시대에 하나님의 백성들에게는 지금 우리가 알고 있는 교회와 같은 모습은 없었습니다. 그들에게 가장 중요한 가르침인 하나님의 "쉐마"의 명령대로 매일매일 그분의 교훈을 가정에서 가르쳤습니다. 아이들에게 신앙을 가르치는 일은 마땅히 가정에서부터 해야 할 일입니다. 성전이나 회당은 조력자에 지나지 않았습니다. 자녀를 교육하는 방법도 대부분 형식이 없이 이루어졌고, 아버지들은 기회가 있을 때마다 자녀들을 가르쳤습니다.[137]

신약시대에도 가정의 중요성이 약화한 것은 아닙니다. 사도 바울은 특히 부모의 의무에 대해서 잘 알고 있었습니다. 그래서 부모는 자녀들을 노엽게 해서는 안 되고, "오직 주의 교양과 훈계로 양육하라"(엡 6:4)라고 했습니다. 부모에게는 자녀들을 경건한 하나님의 사람으로 양육하는 의무를 줬으며, 교회는 교회 안에서 이루어지는 교육만 담당할 뿐입니다. 사도 바울은 이것을 데살로니가전서 2장 11~12절에서 분명하게 보여줍니다. "너희도 아는 바와 같이 우리가 너희 각 사람에게 아비가 자기 자녀에게 하듯 권면하고 위로하고 경계하노니 이는 너희를 부르사 자기 나라와 영광에 이르게 하시는 하나님께 합당히 행하게 하려 함이니라." 아버지는 권면하고(축복의 말을 하고) 위로하며(그들의 말을 듣고 그들이 염려하는 것을 이해하며), 또한 경계해야(아이들이 하나님의 나라에서 중요한 역할을 해야 한다는 것을 이해하도록 도와야) 합니다. 이런 영적인 일을 바로 아버지들이 감당하는 것이 중요합니다.

지혜로운 아버지들은 교회가 매우 중요하다는 것을 압니다. 그들은 자녀들을 영적으로 양육하기 위해서 교회 학교에 정기적으로 보내고, 청년회 모임에도 참석하게 하며 서로 토의하고 대화하도록 인도할 것입니다. 그리스도께서는 교회의 지체들에게 여러 가지 영적 은사도 주셨는데, 우리는 이 은사들을 사용하여 서로를 세워줍니다. 지혜로운 아버지는 은사들을 활용하여 돕고자 하는 사람들 속으로 그의 자녀를 보냅니다. 그러나 자녀 교육의 의무를 위탁하고 나누는 것과 자신이 해야 할 의무를 완전히 포기해 버리는 것과는 차이가 있습니다.[138] 지금까지 한국 교회 다음 세대 신앙 전수는 한마디로 교회 학교 위탁형 세대별 신앙 교육 패러다임이었습니다. 그러나 일주일 중 고작 한 시간 교회 학교에서 받는 훈련으로는 신앙이 전수되지 않습니다. 하나님은 부모에게 신앙 전수의 책임을 맡기셨고, 앉거나 서거나 길을 가거나 누워 있거나 부지런히 말씀을 가르치라 명령하셨습니다. 그럴 뿐만 아니라 성인이 되기 전까지만 양육하라 하지 않고, 평생을 통하여 그리스도의 장성한 분량에 이르도록 양육하고 양육받으라고 하셨습니다. 그러므로 부모는 지금처럼 교회 학교에만 신앙 교육을 위탁해서는 안 되고, 직접 신앙을 전수하는 말씀 전달자, 제자 양육자, 신앙 교사가 되어야 합니다.[139]

윌리엄 바클레이(William Barclay)는 가정에서 아이를 영적으로 갖추도록 하는 데 부모의 역할이 중요하다는 것에 대해 강조하기를 신약에는 종교 기관에서 하는 교육이나 학교에 대해서는 아무 기록이 없는데 그 이유는 정말 중요한 교육은 오직 가정에서만 가능했기 때문이며, 좋든지 나쁘든지 부모처럼 효과적인 교사는 없기 때문이라고 했습니다.[140]

윌리엄 구지는 가정을 지키는 부모의 역할에 대해 자녀를 영적으로 갖추도록 하는 일을 교회에 완전히 맡겨 버리고자 하는 유혹을 지적했습니다. 그는 "가정이란 작은 교회이거나 교회를 생동감 있게 반영해 주는 곳이며, 가정에서 교회에 순종하는 훈련을 할 수 있다"라고 했습니다.[141]

존 번연(John Bunyan)은 가정에서 하는 영적 활동에 대해 매우 즐거워하였으며[142], 백스터는 가정에서의 가르침이 교회보다 더 유익한 점에 대해 가르칠 학생의 수가 적고, 학생이 항상 함께 있어서 자주 말할 수 있고, 학생들은 한 가족이라는 관계와 사랑과 언약으로 하나가 될 수 있는 점이라고 했습니다.[143]

이렇듯 가정에서 자녀를 영적으로 양육해야 신앙과 삶의 분리를 방지할 수 있을 것입니다. 그렇지 않고 그저 교회 안에서만 신앙을 접한 자들은 기독교 신앙이란 삶의 다른 영역에는 영향력을 끼칠 필요도 없고 끼칠 수도 없다고 생각하게 될 것입니다. 그러나 가정을 통해 영적으로 준비된 아이들은 어느 곳에서나 무슨 일을 하든지 예수님을 만나게 될 것입니다.

가정과 교회는 모두 하나님께서 세우신 기관입니다. 어떤 부모는 자녀를 영적으로 갖추도록 하는 일에 대해 교회가 떠안아야 한다고 생각합니다. 그러나 가정과 교회에 대해 기본적인 질문을 생각해 보면 이런 논쟁은 아무런 의미도 없다는 것을 알 수 있습니다. 가정에서는 어떻게 하면 가정에서 영적 영향력을 끼치는 것처럼 교회에서도 영적으로 영향력을 끼칠 수 있는지, 어떻게 하면 교회로부터 도움들을 얻어서 내 자녀들을 영적으로 갖추도록 하는 아버지가 될 수 있는지, 또 교회에서는 어떻게 하면 아버지들이 가정에서 자녀들에게 영적으로 영향을 끼치도록 도울 수 있는지를 생각해야 할 것입니다.

아버지는 자녀들을 영적으로 준비시키는 일을 어머니에게만 맡기고 관망해서는 안 됩니다. 부모가 함께 자녀를 영적으로 빠짐없이 갖추도록 해야 합니다. 아버지로서 자녀들을 영적으로 더 잘 갖추게 하려면 자신을 구비해야 합니다. 이를 위해 먼저 자신이 신앙적으로 더 성숙해야 합니다. 또한 거룩한 삶의 능력을 과소평가해서는 안 됩니다. 가장 효과적으로 가르치려면 자녀들에게 진리의 본을 보여야 합니다. 또한 온 가족이 주일 예배에 참석하도록 인도해야 합니다. 그리고 예배 후에도 주일 예배를 귀하게 여기도록 하는 기회를 얻어야 합니다. 마지막으로 가정 예배를 인도합니다. 가정 예배는 거창하게 드리는 것이 아닙니다. 가정 예배를 위해서 미리 연구하고 설교를 철저하게 준비할 필요는 없습니다. 가정 예배는 주일 예배처럼 공식적으로 정해진 순서에 따라서 드리는 것이 아닙니다. 가정 예배에서 얻는 가장 큰 축복은 아버지가 아이들에게 본을 보인다는 것입니다.[144] 자녀를 믿음의 사람으로 양육하는 것은 다른 사람에게 맡길 수 없는 중요한 일입니다. 그래서 부모는 이 일을 스스로 감당해야 합니다.

가장의 일차적이고 우선적인 책임은 가족 공동체 전체의 보호자의 역할입니다. 가장은 가족 구성원들을 사랑하고 돌보아야 하며, 자녀들을 교육하고 훈련시켜야 합니다. 가장에게 부여된 책임 가운데 하나는 자녀들을 신앙적으로 양육하는 일입니다.[145] 가장은 "주의 교훈과 훈계로 가족을 양육해야" 합니다(엡 6:4). 가장은 가족에게 하나님께 기도하고 하나님을 찬미하도록 가르쳐야 합니다. 가장은 가족에게 "주님을 경외하도록 가르쳐야 하고", "가족이 가야 할 길로 가족을 훈련해야" 합니다. 가장이 가족과 함께 기도하지 않고는 가족에게 기도하는 것을 효과적으로 가르칠 수 없습니다. 가족에게 기도하는 것을 가르쳐야 하는 사람은 가족과 함께 기도해야 합니다.[146] 자녀에게 하나님을 알고 그분을 섬기고 구원을 받는 방법을 가르치지 않았다면, 자녀에게 아무것도 가르치지 않았거나 아무것도 가르치지 않은 것보다 더 나쁜 것을 가르친 것입니다.[147]

하나님께서 부모에게 주신 책임은 자녀를 하나님의 말씀과 규례로 지도하는 것, 죄로 상실한 하나님의 형상을 회복하는 것, 삶 속에서 하나님께서 주신 사명을 완수하도록 하는 것, 그리스도를 닮은 인격으로 변화하도록 하는 것입니다.[148] 부모 역할은 자녀를 양육하는 과정이며, 자녀의 양육, 교육, 행동에 대한 책임이 있습니다. 부모 역할은 사회화 과정으로 자녀가 사회의 온전한 일원으로 성장하여 자아실현은 물론 사회에 적응하고, 사회의 존속과 발전에 이바지한 인재가 되도록 돕는 것입니다.[149] 부모는 자녀들이 장성하기까지 그들에게 닥칠 위험한 상황으로부터 그들을 보호해 주면서 그들이 마침내 한 사람의 성인으로서 독립적인 인간이 되도록 준비해 주어야 합니다.[150] 이는 신앙적인 부분에서도 마찬가지입니다. 부모는 자녀에게 하나님의 명령을 가르쳐야 할 임무를 갖습니다.[151]

윌리엄 반게메렌(Willem Van gemeren)은 언약을 가정의 기본구조로 보았습니다. 그는 하나님이 노아와 맺은 언약을 일반 은혜로 보았고 아브라함과 맺은 언약을 특별 은혜로 보았습니다. 노아의 언약은 죄 가운데 있음에도 불구하고 하나님의 은혜를 누릴 수 있음을 보증하는 것이었습니다. 아브라함은 하나님이 선택하여 주셨고 아브라함이 그 언약에 응답하고, 행할 때 그 자손까지 보호하시고 축복하심을 보증하는 것입니다. 하나님은 신약시대에 와서 그리스도를 통한 새 언약(눅 22:20)을 주셨고, 구주를 믿는 자의 자녀는 이 언약 안에 있는 것입니다.[152] 따라서 기독교 가정의 정체성은 언약을 그 중심사상으로 하고 그 속에서 부모를 언약의 전달 매개로서 보았습니다.

웨스터호프(John H. Westerhoff)는 기독교 가정에서 부모와 자녀 모두가 서로의 신앙을 고양시키도록 도우며 상호 간에 영향을 미치는 존재라고 보았습니다. 왜냐하면 신앙은 가르쳐지는 것이 아니라 공유되는 것이기 때문입니다. 따라서 기독교 가정 안의 부모와 자녀는 신앙 안에서 함께 하는 여정으로 표현하고 있습니다.[153]

(2) 부모 교육

믿음의 부모들이 가정의 신앙 교사로 섬기기 위해서는 합당한 역량이 요청됩니다. 따라서 교회는 믿음의 부모 세대에게 가정의 신앙 교사로서 사명을 감당할 역량을 길러주는 교육을 제공해야 합니다. 역량을 길러주는 교육이란 가정의 신앙 교사로서 사명을 확인하고 결단을 촉구하는 기독 부모의 정체성 교육은 물론이고 부모가 먼저 가정과 세상에서 온전한 사명자로 살아가는 부모 신앙 경건 훈련, 자녀들의 인생 주기에 따라서 요청되는 전문 지식과 실천을 제공하는 자녀 양육 교육, 자녀를 말씀과 기도로 양육하기 위한 가정 예배 훈련 등을 말합니다.[154] 신앙 교육은 하나님께서 모세를 통해 말씀하신 신명기 6장 4~6절에서부터 시작됩니다. 신앙은 타인에게서 출발한 것이 아니라 나 자신에게서 출발합니다.[155] 하나님께서는 하나님을 믿는 자들에게 들을 것을 명령하셨습니다. 내가 먼저 들어야 다음 세대에게 전할 것이 있기 때문입니다. 그래서 그다음으로 자녀에게 부지런히 가르칠 것을 명하십니다. 신앙 교육은 이렇게 나에게서 시작되어 가정에서 자녀들의 신앙 교육으로 이어지는 것입니다.

① 부모 교육의 목적

부모는 자녀에 대한 교육적 책임을 하나님으로부터 위임을 받은 청지기의 사명이 있습니다. 그런데 부모의 역할은 자녀를 낳았다고 자연적으로 습득되는 것은 아닙니다. 부모는 가르침과 훈련, 연구와 정보 수집과 실제적 훈련 등을 통하여 자녀의 발달과정과 특성을 바로 알아야 하고 자녀의 문제 행동과 지도 방법 외에도 자녀 보호, 건강 관리, 놀이지도, 자녀 상담이나 자녀와의 소통에 대한 정보를 제공받아야 합니다. 하지만 많은 정보가 노출된 현대 사회

이지만, 그것을 자신의 것으로 습득하는 사람은 그리 많지 않음을 보게 되는데 이러한 점을 서로 보완할 수 있는 것이 부모 교육이라 볼 수 있습니다. 또한, 부모 교육은 교회가 부모들에게 올바른 부모의 임무를 수행하고, 자녀에 대한 기독교 교육적 사명을 잘 감당해 나갈 수 있도록 교육적으로 돕는 모든 과정을 의미합니다.[156]

부모 교육의 목적은 부모들에게 성인으로서 그리고 효과적인 교사로서의 부모 역할을 증진시키고 자녀의 성장 발달과 교육에 대한 올바른 이해와 인식하게 하며, 이에 적절한 지식과 능력을 갖추도록 도와서 부모 자신의 발달은 물론 효과적인 교육자 또는 교육 동반자로서의 부모가 되도록 하는 데 있습니다.[157] 우리들의 가정이 기독교 교육의 현장으로 바뀌기 위해서는 바른 부모 교육이 이루어져야 합니다. 부모 교육은 먼저 부모 자신이 하나님의 은혜 아래서 성장하는 것입니다. 부모가 먼저 자신의 영적, 지적 모습을 발전시켜야 합니다. 부모가 자신의 존재 의미를 바르게 알고 있을 때, 자녀에게 큰 영향을 미칩니다. 부모가 기독교적 세계관을 가져야 합니다. 여기에는 성경을 토대로 한 바른 교리와 삶의 실천이 포함됩니다.[158]

부모 교육은 자녀에게 하나님을 경외하고 사랑하도록 하는 데 있습니다. 바울 사도는 자녀 교육의 방법으로 "주의 교양과 훈계로 양육하라"(엡 6:4)라고 하였는데, 이 말씀은 자녀 교육의 기본 방향을 제시하고 있습니다. 자녀 교육의 기본 목표가 하나님을 경외하고 사랑하는 것이듯 부모 교육의 목표 역시 그러합니다. 부모 교육은 자녀들이 자신의 존재를 바로 알게 하는 데 있습니다. 자녀들이 이러한 자세를 갖게 하려면 부모부터 바른 삶의 자세를 가져야 하며, 부모 교육이 이러한 바탕 위에서 이루어져야 합니다. 부모 교육은 자녀들이 이웃과의 바른 관계를 형성하고 유지하도록 하기 위함입니다. 이를 위해 부모부터 바른 교육을 받아야 합니다.[159]

② 부모 교육의 특성

부모 교육의 특성은 첫째 성경적이어야 합니다. 하나님을 경외하는 것은, 지식과 지혜의 근본입니다. 둘째로 부모 교육이 부모와 자녀의 유기적인 관계만을 추구하는 것이 아니라 이러한 관계를 통하여 하나님의 영광을 나타내는 데 목적이 있어야 합니다. 셋째로 실제적이어야 합니다. 부모들이 삶의 현장에서 당면하고 있는 문제들을 보다 구체적으로 다루며 그 해결책을 찾아야 교육의 효과를 거둘 수 있습니다.[160]

③부모 교육의 내용

부모 교육의 내용은 첫째 부모 자신이 하나님의 은혜 아래서 성장하는 데 있습니다. 이것은 부모 스스로 영적, 지적 계발이며 하나님의 자녀로서의 삶을 영위하도록 하는 것입니다. 부모가 자신의 존재 의미를 바로 파악할 때, 이것이 자녀에게 미치는 영향은 큽니다. 그래서 성경적 가치관을 가르침으로 성경의 덕목을 실천하도록 해야 합니다. 이러한 성경적 가르침을 통해 부모가 먼저 사랑을 바탕으로 한 성경 말씀에 순종하는 삶을 살 때 자녀들도 부모를 모범으로 하여 순종의 삶을 살게 됩니다.[161] 둘째로 부모 자신의 성장만이 아니라 자녀 교육을 위한 내용이 포함되어야 합니다.[162] 부모의 무분별한 사랑이 아니라 자녀 양육의 바른 원리를 가르쳐야 자녀를 성경적으로 교육할 수 있습니다.

더불어 나눔

(1) 부모 역할을 잘 감당하기 위해 어떠한 노력을 했는지 말해 봅시다.

(2) 부모 교육의 필요성에 대해 어떻게 생각하는지 나누어 봅시다.

마음에 새기기

(1) 우리는 부모 역할을 증진해야 합니다.

(2) 우리는 부모 교육을 받아야 합니다.

(3) 부모 교육이 우선되어야 자녀 교육이 가능합니다.

8주

8주 가정 예배와 교회

 이 장에서는 가정 예배와 교회의 상관성을 살펴보고 가정 예배를 위한 교회의 역할이 무엇인지 알도록 합니다.

배움과 익힘

 (1) 가정 예배 회복을 위한 교회의 책임

 기독교 가정과 교회의 관계에 있어서 성경에서 말하는 관점은 교회는 가정을 포함하는 포괄적인 개념이며, 가정은 좀 더 작은 테두리 안에 있는 신앙공동체, 즉 미니 교회로 보는 것입니다.[163] 가정은 교회를 구성하는 가장 핵심적인 세포이며, 이 세포들이 모여 교회 공동체를 구성하므로 기독교 가정은 작은 교회이며 교회는 큰 가정이라고 말할 수 있습니다. 이처럼 가정과 교회는 결코 분리하여 생각할 수 없습니다.[164] 이제 교회는 어떻게 가정공동체를 세워주어야 할지 책임감을 느끼고 연구하며 고민해야 합니다. 그 책임감은 작은 교회인 가정을 위한 교회 교육 프로그램으로 구체화되어야 합니다. 건강한 가정을 통하여 건강한 교회를 이루려고 하는 목회 철학과 의식 전환, 그리고 신앙의 자세가 필요한 시대이며, 또한 이것을 제도화하고 실천해 나가야 할 때입니다. 교회는 여러 가지 어려움과 문제들을 안고 있는 현대 가정을 위하여 교회들이 추구해야 할 방향이 무엇이며, 더 구체적인 프로그램 개발을 위해서 어떠한 노력을 해야 할 것인지 규명하여야 합니다.[165]

교회는 부모의 교육 방법에 있어서 가정과 부모에게 직접적인 도움을 주어야 하는데 가정에서의 대화, 가치관, 애정, 성경 연구, 관계의 개선, 심리적 갈등의 해결 능력에 대한 방법과 프로그램들을 개발하도록 도움을 주어야 합니다. 그 중에서도 가정 예배는 하나님과의 관계, 인간과의 관계에 있어서 가장 기초적인 신앙 교육이므로 교회는 가정 예배의 회복과 활성화를 위하여 지침이나, 프로그램을 제공함으로써 각 가정에 가정 예배를 도울 수 있어야 합니다.[166]

(2) 가정 예배 회복을 위한 교회의 역할
① 교회의 관심과 격려
교회는 가정 예배를 위한 지속적인 관리와 격려를 해야 합니다. 가정 예배에 대한 교회의 교육이 일회성 행사에 그칠 경우, 가정 예배가 각 가정에 뿌리내리기 어렵습니다. 교회는 가정에서 이루어지는 신앙생활의 중심에 예배가 있고, 예배가 매우 중요한 신앙적 통로가 된다는 점을 늘 강조해야 합니다. 가정 예배에 대한 실태 파악은 가정 예배 지지에 도움을 주는 유용한 정보를 제공합니다. 가정 예배를 하는 가정의 수, 예배의 횟수, 예배의 방법, 예배에 대한 만족도, 예배와 관련된 애로 사항 등이 파악되어야 합니

다. 또한, 교회는 시각적인 도구들을 활용하여 신자들이 가정 예배에 관한 관심을 유지할 수 있도록 해야 합니다. 예를 들어, 배너(banner) 설치, 광고 시간의 동영상 방영, 가정 예배 사진 전시가 이를 위한 방법으로 적용될 수 있습니다. 또, 가정 예배를 통하여 긍정적인 소감을 갖게 된 사람에게 발표의 기회를 제공하거나, 가정 예배를 잘 드리는 가정들을 일정 기준에 의해 선발하여 시상하는 것도 활용 가능한 방법입니다.[167]

② 교회의 가정 예배 계속 관리

교회의 가정 예배 부모 교육이나 동기유발만으로는 가정 예배를 시도하고 유지하는 것이 어려울 수 있습니다. 그러므로 각 가정에서 가정 예배를 시작하고 유지할 수 있도록 교회가 돌아보아야 합니다. 예를 들면 교역자나 가정 예배 경험자가 방문하여 함께 가정 예배를 시작하고 잘 정착할 수 있도록 돌보는 것입니다. 가정 예배는 지속해서 교회의 관리가 필요합니다. 그렇지 않으면 지속하기 어렵고 가정 예배의 중심을 제대로 잡지 못할 수도 있습니다. 그래서 각 가정에서는 가정 예배를 드리고 난 후 가정 예배 내용을 점검하고 보고하며 필요하면 교역자의 방문을 요청하는 등 교회의 지속적인 도움을 받을 수 있도록 장치를 마련하는 것이 필요합니다.

각 가정에서 가정 예배가 지속해서 드리게 하려면 교회도 꾸준히 관리해야 합니다. 가정 예배 관련 행사를 정기적으로 개최하여 그 행사에 각 가정 예배를 드리는 가정이 참여하도록 하거나 모범적인 가정 예배 사례를 발표하고 시상하며, 가정 예배 관련 세미나를 개최하는 등 교회는 가정 예배에 대하여 지속해서 관심을 가져야 합니다. 가정이 영적으로 건강해야 그 가정은 물론이요, 교회도 건강합니다. 한 가정의 문제는 곧바로 교회에까지 영향을 끼칩니다. 그러기에 교회는 가정의 건강을 늘 살피고 끊임없는 노력과 수고를 해야 합니다.

(3) 가정 예배 프로그램 개발
① 가정 예배 지침서 발간

가정 예배를 좀 더 효과적으로 드리기 위해서 가정 예배를 인도하는 책자가 있는 것이 좋습니다. 근래에는 가정 예배에 관한 관심이 높아져서 가정 예배에 관한 책들이 많이 출판되었습니다. 하지만 여러 경우를 대상으로 하다 보니 우리 가정의 현실과 맞지 않는 경우가 발생하기도 합니다. 이를 해결하기 위해 교회는 가정 예배에 관한 관심을 두고 누구라도 쉽게 가정 예배를 인도할 수 있는 가정 예배 안내 책자를 제작하여 성도들이 효과적으로 활용할 수 있도록 해야 할 것입니다. 교재가 아무리 좋더라도 우리 가정의 상황과 동떨어져 있으면 교재로 사용할 수 없습니다. 그리고 교회는 가정 예배 지침서를 쉽게 구할 수 있도록 접할 수 있게 하려면 가정 예배 관련 내용을 주보에 싣는 것이 좋습니다. 그러면 성도들이 매 주일 주보를 통하여 예배 순서와 함께 가정 예배 지침서를 받게 되므로 자연스레 가정 예배에 대한 관심을 두게 될 것이고, 교회는 성도들을 가정 예배를 드리도록 하는 데 수월할 것입니다. 또한 가정 예배에 가장 중요한 것은 가정 예배서의 내용입니다.

교회가 가정 예배 지침서를 작성하여 교인들에게 나누어 줄 때는 다음과 같은 내용에 주안점을 두어야 합니다. 첫째, 성경적이어야 합니다. 성경 말씀을 가르치는 복음적 내용이 바탕이 되어야 한다는 것은 너무나 당연합니다. 가정 예배 지침서는 성경 말씀을 벗어나지 않고 그 말씀을 깨우쳐 주며 설명하는 것을 주안점으로 삼아야 합니다. 둘째, 쉬운 내용이어야 합니다. 가정 예배는 할아버지, 할머니부터 갓 젖을 뗀 아이까지 참여한다는 것에 주안점을 두어야 합니다. 어른이나 아이나 함께 듣고 이해할 수 있고 공감을 줄 수 있어야 합니다. 한글을 읽고 이해할 수 있는 사람이라면 누구나 읽고 들으면 쉽게 이해하고 공감이 가도록 해야 합니다. 셋째, 주제는 가능한 한 하나가 되어야 합니다. 현대를 살아가는 교인들 대부분은 복잡한 사회구조 속에 살기 때문에 예배 시간에도 복잡하면 머리가 무거워져 거부감을 일으킬 수 있습니다. 그래서 선명한 한 주제를 흥미롭게 설명하는 것이 효과적입니다. 또한 어린이나 좀 수학 능력이 낮은 이에게도 공감을 쉽게 줄 수 있도록 주제가 단순하고 내용이 선명한 것이 좋습니다. 넷째, 교육적이고 실생활적이어야 합니다. 어떤 교리 설명보다는 오늘을 살아가면서 생활 가운데 들어가 가르치고 교훈하는 내용이어야 합니다. 특히 현대 교회 교인들이 교회에서는 믿음이 있는 자처럼 행하다가도 실제 생활은 다르므로 사회에서 지탄받는 경우가 많습니다. 그러므로 실생활에서 믿는 자답게 사는 방법을 교훈하고 가르치는 것이 좋습니다. 다섯째, 읽으면 메시지가 전해지도록 해야 합니다. 누구든지 읽으면 설교가 될 수 있도록 해야 합니다. 초등학교 학생에게 예배를 인도시켜도 가능하도록 그대로 읽으면 설교가 되도록 하는 것이 좋습니다.[168]

그 외에도 여러 안내를 제시하자면 성경 읽기 표, 기도 제목들이 나열된 기도문, 묵상 집, 방송 매체나 인터넷 홈페이지 안내, 가정 예배를 드리는 다양한 경우들, 성경 해설 등을 통해 도움을 줄 수 있어야 할 것입니다.

② 가정 예배 훈련 시행

부모는 자녀를 출생한 후에 육신적으로 필요한 것들만 공급하면 다 되는 것이 아닙니다. 자녀가 성장할수록 지속해서 사랑하고 돌봐 주어야 합니다. 부모는 자녀가 바로 하나님을 인식하고 믿을 수 있도록 신앙으로 양육하려 할 책임이 있습니다. 그러므로 교회는 먼저 부모에게 가정 예배에 대한 강력한 동기 부여가 생기도록 해야 합니다. 교회는 가정 예배의 신앙적인 기능과 교육적인 기능을 교육해야 합니다. 부모들은 오늘날 가정들이 가진 문제점들에 대해 인식하여 자녀들이 성장하면서 신앙과 인성이 함께 자라도록 힘써야 합니다. 교회는 가정 예배에 대한 신학적 배경 교육은 예배에 대한 기초적인 사전교육으로 예배의 정의, 가정 예배의 성경적 배경, 성경에서의 가정 예배를 교육해야 합니다. 가정 예배 준비 교육을 통해서 가정 예배를 드릴 수 있는 여건을 조성하는 데 도움을 주도록 해야 합니다. 신앙 연륜이 적은 가정의 경우 가정 예배를 모범적으로 드리는 가정의 예배에 참여해보도록 하는 것도 도움의 일환이 될 것입니다.

더불어 나눔

(1) 가정 예배를 통해 교회에 끼칠 영향이 무엇인지 나누어 봅시다.

(2) 가정 예배를 위해 교회에 바라는 점이 무엇인지 나누어 봅시다.

마음에 새기기

(1) 가정 예배를 위해 교회가 할 일이 있습니다.

(2) 가정 예배는 교회 부흥을 가져옵니다.

(3) 가정의 아픔은 교회의 아픔으로 이어집니다.

9주

9주. 가정 예배 방법

 이 장에서는 가정 예배를 위한 실질적 방법을 살펴보고 가정 예배를 직접적으로 실천하도록 합니다.

배움과 익힘
 (1) 가정 예배 방법
 예배하는 방법은 동서고금을 막론하고 다 다를 수 있으므로 어느 것이 옳다고 단정할 수는 없지만, 그 안에 기본적으로 들어가야 할 요소들이 있습니다. 그 중에서 가장 중요한 것은 예배의 주인은 하나님이시며 그러므로 하나님께서 보시기에 좋은 대로, 하나님께서 원하시는 대로, 하나님께서 명하신 대로 예배하는 것이 옳습니다.

 올바른 방식이란 형식에 구애되는 율법주의를 말하는 것이 아니라 예배 시간을 지키며 신령과 진정으로 하나님을 예배하는 것을 뜻합니다. 우리는 마치 그리스도 앞에 나아가는 것처럼 경건하게 가정 예배를 드려야 합니다. 가정 예배를 인도하는 사람이 아버지나 어머니, 장남이나 누구든 간에 그는 미리 준비한 상태에서 순서를 따라 진행하여야 합니다. 그렇게 할 때 가정 예배는 참석자 개개인의 영혼을 각성시키고 위로하는 은혜로운 시간이 될 것입니다.[169]

리처드 백스터는 가정 예배의 빈도와 시기에 대하여 우리는 하나님을 예배할 수 있는 적절한 시기와 기회를 사용해야 한다고 합니다. 가족은 날마다 그런 시기와 기회를 얻습니다. 그러므로 가족은 그런 시기와 기회를 사용해야 합니다. 아침은 지난밤에 감사해야 할 때입니다. 아침은 하루 동안 인도하고 보호하고 필요한 것을 제공해 주고 복 주시길 간구해야 할 때입니다. 이때 우리 마음은 근심과 세상의 염려에서 가장 자유롭습니다. 또한 우리에게 저녁은 하루 동안 베풀어 주신 자비를 하나님께 감사하고 하루 동안 지은 죄를 고백하고 용서를 구하며 밤의 휴식과 보호를 위해 기도하기에 적합한 때입니다.[170]

가정 예배는 세심한 배려가 필요할 뿐 아니라 주일 예배를 비롯한 여타의 공적 예배와는 다르므로 다양성과 유연성, 간결하고 자유스러운 분위기를 유지하면서도 앞선 원리들이 충실히 이해되면 경건성이 유지되는 예배이어야 합니다.

가정 예배를 성공적으로 수행하기 위해서는 가족 간의 쑥스러움과 어색함을 이기는 것이 필요합니다. 그리고 아예 가정 예배의 날을 정해 놓는 것이 좋습니다. 그렇게 해서 가정 예배의 시간을 지키는 것입니다. 또한 가정에서 드리지만, 가정 예배 또한 예배이므로 경건한 복장을 갖추는 게 좋습니다. 예배의 격식을 갖추고자 가정 예배 때에도 헌금을 하도록 합니다. 만일 가족 중에 재능이 있다면 악기를 연주하는 것도 좋습니다. 그리고 가정 예배를 돕는 교재는 가족 수대로 모두 구매하여 가정 예배에 대한 책임감을 더하도록 합니다. 가정 예배를 드릴 때 찬송은 말씀의 내용과 일치되는 찬송으로 준비하는 것이 좋으나 형편에 따라 인도자가 선택할 수 있고, 때로 가족들이 부르고 싶은 찬송을 신청하도록 하는 것도 좋은 의미가 있습니다. 기도 역시 가족 간에 순번을 정하되, 특별히 기도문을 잘 작성하여 기도하는 게 좋습니다. 그렇게 하여 예배 시간의 대표 기도는 어떻게 하는지를 교육하는 기회로 삼을 수 있습니다. 말씀 선포는 가장인 아버지가 인도하는 것이 좋습니다. 그러나 때에 따라 다른 분이 할 수도 있습니다. 함께 읽고 들은 말씀을 자기의 것으로 정리하는 의미에서 말씀을 읽고 들으면서 받은 은혜를 서로 나누는 것도 좋습니다. 그리고 서로의 기도 제목을 나누면서 가족 구성원 각자의 생각을 공유해 봅니다. 예배는 주기도문으로 마칩니다. 한 달에 한 번은 가족 이벤트를 준비하여 가정 예배 시간을 기대하게 하는 것도 좋은 방법입니다.[171]

가정 예배 자료 구매할 때는 자녀들과 같이 구하는 것이 바람직합니다. 자녀들이 가정 예배에 더욱 관심을 가지게 할 수 있습니다. 가정 예배는 가족의 그 날 경험과 연결되는 게 좋습니다. 말씀에 비추어 하루를 돌아보고 감사와 반성의 시간을 갖습니다. 가정 예배 인도는 한 사람이 맡아서 진행할 수도 있지만, 가족 간에 순번을 정하여 인도하는 것도 좋습니다. 가족 구성원 모두가 예배 인도자가 되는 것입니다. 어린 자가 인도자가 되는 것도 매우 의미 있는 경험이 될 것입니다. 부모의 기도 내용은 자녀들이 추구해야 할 것을 결정하게 되고, 삶에 대한 부모의 훌륭한 태도는 그 자녀에게 영향을 미치게 됩니다. 예배를 통해 삶은 성스러운 것임을 자녀에게 소개할 수 있습니다. 가정 예배는 다양한 변화를 시도해볼 수 있습니다. 신앙 선배와의 대화시간이나 성극 등이 그 예입니다. 가정 예배는 온 식구가 같이 모일 시간이 없는 것이 가장 큰 난관입니다. 혹시 가정 예배에 동참하지 못한 가족이 있으면, 관대하게 대하고 가정 예배 시 읽은 성경을 읽게 하여 따라오게 해야 합니다. 가족 중에 누군가가 여행이나 출장 등으로 출타했을 경우 같은 시간, 같은 자료로 예배드림으로 예배에 동참하게 합니다. 가정 예배를 야외에서 예배드리는 것도 잊지 못할 시간이 될 것입니다. 하나님께서는 어디에서나 함께하심을 알게 되고, 아름다운 이 세상을 창조하셨다는 것을 알게 합니다. 가족의 생일이나 성탄절, 부활절, 어린이 주일, 어버이 주일 등 특별한 날에 온 가족이 함께 예배드리는 것도 교육적입니다. 가정 예배에 다른 가정을 초청하여 예배를 드리는 것은 의미가 있고 가족 전도에 도움이 되며 가정 예배를 이해시키는 데 도움이 됩니다.[172]

① 가정 예배의 횟수

우리가 육신의 필요를 따라 하루 세 끼의 식사를 하면서도 영혼의 양식은 먹지 않는다는 것은 참된 성도의 올바른 태도가 아닙니다. 그러므로 하루의 삶을 시작하면서 하나님을 의지하는 의미에서의 아침 예배와 하루를 마무리하는 저녁에 드리는 감사 예배는 성도의 바른 자세임이 틀림없습니다. 그러므로 매일 아침 그리고 저녁에 시간을 정하여 가정 예배를 드리는 것이 가장 이상적인 모습이라고 할 수 있으나 현실적으로 우리의 생활이 그 정도까지 시간적으로나 정서적으로 여유가 있지 못하기 때문에 상황과 형편을 따라 예배를 드려야 할 것입니다.

② 가정 예배의 시간

때로 정한 시간에 가정 예배를 드리기가 불가능하면 예배 시간은 얼마든지 변경할 수 있는 융통성도 필요합니다. 아마도 많은 가정에서 가정 예배의 시간에 대해서는 유연하게 생각할 것입니다. 하지만 가정 예배 시간을 정할 때 "너희는 먼저 그의 나라와 그의 의를 구하라"는 마태복음 6장 33절의 원리를 따라 정해진 가정 예배 시간을 지키는 것을 중요하게 여겨야 합니다. 그 시간은 하나님을 예배하는 시간이기 때문입니다. 그리고 만일 정한 날에 가정 예배를 드리는 것이 어려울 것으로 예상될 때는 예배 시간을 미리 조정해야 합니다. 정해진 예배 시간을 계속 지킬 수 있도록 계획을 잘 세워야 합니다.[173]

③ 가정 예배의 형식

가정 예배의 기본 요소는 성경 읽기와 찬송과 기도이며 예배를 드리는 순서도 대개 이 순서를 따르지만, 순서를 달리하거나 다른 순서를 추가하여도 괜찮습니다.[174] 성경 말씀을 읽고 그 말씀에 대한 생각을 나누고 어떻게 적용할 것인가를 토론하면서 성경에 대한 더 깊은 관심을 가질 수 있습니다. 가족 간에 서로 기도 제목을 나누고 서로를 위해 기도해 주는 시간을 갖는 것도 좋은 방법입니다. 생활에서 느끼고 깨달은 경험을 간증 형식으로 이야기하는 것도 가정 예배를 이끌어 가는 방법이 될 수 있고, 성경에 등장하는 사건이나 역사를 가족 구성원들이 배역을 맡아 연극을 하는 방법도 있습니다. 구약 시대 이스라엘 민족들이 자녀들을 가르칠 때 성경을 암송하는 방법을 사용했던 것처럼 성구를 암송하는 것도 좋고, 찬양 순서 때에 독창, 중창 등의 다양한 방법을 이용하는 것도 좋습니다. 성경 퀴즈를 내고 답을 하게 하는 방법은 성경 말씀에 관한 관심을 높여주며, 기독교 서적이나 신앙의 위인전기를 활용하여 자녀들에게 신앙의 유익을 줄 수도 있습니다. 덕망 있는 목사님의 설교를 함께 듣거나 성경을 주제로 한 영화나 애니메이션을 함께 보면서 이야기를 나누는 것도 가정 예배를 다채롭게 이끌어 가는 방법이라고 할 수 있습니다.

④ 가정 예배 시의 구성원

가정 예배는 부모들의 예배도 아니며 아이들만 위한 예배도 아닌, 가족들의 예배이기 때문에 가족 모두가 참여하도록 독려해야 합니다. 가정에서 부모가 자녀에게 신앙을 전수하는 것은 하나님의 명령입니다(신 6:4-9). 자녀들은 가정 예배 안에서 신앙의 전수와 훈련을 합니다. 아이들의 성장 과정은 모방기(1~2세), 자아 인식기(2~3세), 성격 형성기(3~4세)로 구분할 수 있는데 모방기의 아동들에게는 예배의 모습을, 자아 인식기에는 예배를 통한 평화스러운 모습을, 성격 형성기에는 기도, 찬송 등 하나님과의 의식적인 관계를 보여줌으로써 부모들은 자녀의 신앙 성장을 어릴 때부터 도와야 합니다.[175]

⑤ 가정 예배의 장소

예수께서는 사마리아 여인이 예배의 장소에 관해서 물을 때에 장소에 대한 답 대신 예배의 정신과 자세를 말씀하셨습니다(요 4:21). 그러므로 가정 예배의 장소는 가정 안 어느 곳이든 상관이 없습니다. 다만 예배를 드리기에 적합한 환경이어야 합니다. 또한 온 식구가 모이기에 어렵지 않아야 합니다. 예수께서도 예배의 처소는 크게 중시하지 않으셨기 때문에 가정 예배의 장소는 예배를 드리는 데에 방해되지 않는다면 가정의 어느 곳이든 관계없습니다.

더불어 나눔

(1) 가정 예배를 드리는 환경 조성을 위한 노력에는 무엇이 있는지 나누어
    봅시다.

(2) 우리 가정환경에 맞는 가정 예배 순서는 무엇인지 나누어 봅시다.

마음에 새기기

(1) 가정 예배를 드리게 되는 결정적인 계기는 무엇입니까?

(2) 가정 예배를 드리기 위해 준비할 것이 무엇인지 점검해 봅니다.

나가는 말

  가정 예배 훈련을 실행하는 가장 큰 이유는 성도들이 각 가정에 가정 예배가 정착되도록 돕는 데에 있습니다. 가정 예배에 대하여 이해하고, 가정 예배를 할 수 있는 방법을 배움으로 인하여 가정 예배를 드릴 수 있는 능력을 키울 수 있게 됩니다. 물론 훈련 프로그램을 이수했다고 하여 가정 예배가 각 가정에 완벽하게 정착된다고는 볼 수 없습니다. 그러나 가정 예배 훈련을 통하여 가정 예배의 필요성을 더 확실하게 깨닫고 가정 예배가 정착되도록 노력하기를 바랍니다. 이를 위해 교회는 가정 사역에 더 관심을 기울이게 되고, 가정은 교회에서만 아니라 가정에서도 신앙생활을 지속하게 될 것입니다. 그런 의미에서 가정 예배 훈련은 신앙생활의 연장선을 이어주는 역할을 할 것입니다.

  우리의 신앙의 선배들은 교회에서 예배를 드린 것처럼 가정에서도 예배를 드렸고, 그렇게 하도록 가르쳤습니다. 그래서 교회는 성도의 가정이 예배를 드릴 수 있도록 살펴야 하며, 가정은 교회의 지도를 따라 가정 예배를 실천해야 합니다. 다만 아쉬운 것은, 가장들이 예배를 인도할 수 있는 능력이 부족하다는 것입니다. 그래서 부모들이 가정 예배를 원활하게 인도할 수 있도록 하는 가정 예배 훈련이 필요합니다.

부록

부록 1_ 가정 예배의 이해를 돕는 책들

1) 교회의 역할과 부모 교육에 관한 책

찰스 셀(Charles M. Sell)의 「가정 사역」

이 책은 가정을 돕기 위한 모든 창조적인 노력을 집대성한 책이라 할 수 있습니다. 특히 가정 사역이란 단순히 교회의 일이 아니라 교회의 본질과 깊이 관련되어 있음을 강조합니다.[176] 가정 사역은 단순히 교회 조직 속의 한 부속물이 아니라 마치 교회가 선교에 매진하는 것처럼 교회 생활의 한 요소가 되어야 한다는 것입니다. 그런데 오늘날 교회들이 과연 가정이 어려움에 부닥쳤을 때 제대로 된 해결책을 제시해 주고 있는가? 오히려 교회의 모임과 행사들로 가정과 경쟁을 벌이며 교회 생활이 가정생활보다 더 두드러져 있음을 당연한 것으로 여기고 있으니 이러한 모습은 가정에 결코 도움이 되지 않는다는 것을 주장하고 있습니다.

정정숙의 「성경적 가정 사역」

이 책은 가정을 향한 하나님의 창조 목적을 회복하기 위한 그리스도인의 총체적 사역으로서의 가정 사역의 의미와 필요성을 주장하면서 산업화한 현대 사회에서 무너져가는 현대 가정의 문제들은 무엇이며 그 해결 방안이 무엇인지를 소개합니다. 그중에서도 가정 사역의 나아갈 방향에 대해서 제시해 줌으로써 교회와 성도들에게 오염된 현대 문화 속에서 기독교 문화 정착과 확산을 도모할 책임이 있음을 주장하고 있습니다.

리처드 백스터(Richard Baxter)의 「기독교 생활 지침 3: 가정 윤리」

 이 책에서 저자는 가족 구성원이 거룩에 힘쓰며 하나님의 뜻에 순종할 때 가정을 안전하고 편안하고 즐겁게 해 준다고 합니다.[177] 가정이 하나님의 말씀을 원리로 삼고, 하나님의 나라를 구하며, 하나님 말씀을 늘 가까이하고, 천국을 소망하며 영생의 길을 걸어가는 것이 복이 있다고 하면서 가정을 운영하는 법과 가족의 의무, 그리고 하나님을 잘 섬기는 가정이 되는 법을 소개하고 있습니다.

캔필드(Ken R. Canfield)의 「좋은 아빠의 7가지 비밀」

 이 책은 좋은 아빠가 될 수 있는 비결을 일곱 가지로 나누어 설명하는데 첫째로 자녀에게 헌신하라는 것입니다. 자녀에게 헌신한다는 것은 자녀의 유익을 위한다는 의미입니다. 둘째는 자녀에 대해서 알라는 것입니다. 이를 위해서는 자녀에게 관심이 있어야 합니다. 셋째, 일관성을 가지라는 것입니다. 이를 위해서는 자신의 감정을 다스릴 줄 알아야 하며, 자녀와의 약속을 지키라는 것입니다. 넷째는 자녀에게 보호자와 공급자가 되라는 것입니다. 자녀들이 의지할 수 있고 본받을 수 있어야 합니다. 다섯째, 아내를 사랑하라는 것입니다. 이는 자녀들의 엄마 즉 아내와 좋은 관계를 유지하는 것을 뜻합니다. 여섯째, 자녀들의 이야기를 적극적으로 들어주라는 것입니다. 집중해서 자녀의 말을 들어주어야 합니다. 일곱째, 자녀들을 영적으로 갖추도록 하는 것입니다. 아버지의 영적 권위를 잊지 말고 가정을 복되게 이끌어 가야 합니다.

설은주의 「가정 사역론」

이 책은 무너진 가정을 회복하고 하나님의 가정을 건설하며 가정을 새롭게 변화시키는 것에 대한 중요성을 강조하며, 한국 교회 안에 가정 사역에 관한 구체적인 목회 전략 방법과 이론들을 제시하고 있습니다. 먼저 성경이 가르치고 있는 가정관이 무엇인지를 소개하고 하나님께서 허락하신 가정을 하나님의 뜻대로 유지하기 위해 가정 교육이 필요함을 설명하며 그렇게 하려면 부모 교육이 필요함을 주장합니다. 그렇게 부모 교육이 이루어지고 나서야 비로소 자녀 교육까지 이어지게 되며 마침내 하나님께서 원하시는 가정을 세워나갈 수 있는 것임을 소개하고 있습니다.

이디스 딘(Edith Deen)의 「성서적 가정관」

이 책은 창세기로부터 요한계시록에 이르기까지 등장하는 인물들의 가정을 예로 들면서 하나님께서 원하시는 가정의 모습과 그렇지 않은 가정의 모습을 분석하고 있습니다. 신앙의 위인이라 일컫는 이들에게도 가정에서는 어둡고 비도덕적인 부분이 있었으며, 선입견에 의해 부정적으로 평가받던 가정에는 우리가 깊이 생각해 보지 못했던 아픈 상처가 있었기에 그들에게 사랑과 이해가 필요했음을 보여줍니다. 좋은 가정생활이 인류 활동에 기초가 되고 국가와 민족에게 긍정적인 역할을 한다는 것을 주장합니다. 반면 바른 가정생활을 이루지 못한 사람은 사회에서도 바르게 존재할 수 없습니다. 고로 가정은 사회적 인간이 존재하는 데 있어서 모판과 같은 역할을 합니다. 저자는 이 책을 통하여 더 많은 이들이 완전하고 행복한 가정을 이룰 수 있기를 소망합니다. 성경은 인간의 모든 문제에 대하여 해답을 주기에 가정에 관한 문제 역시 성경을 통하여 답을 얻게 됩니다.

신형섭의 「자녀 마음에 하나님을 새기라」

이 책은 자녀를 신앙적으로 양육하기 위해 부모와 교회가 무엇을 해야 하는지, 점점 무너져가고 있는 자녀 세대 신앙의 책임은 누구에게 있는 것인지에 대해 고민하게 합니다. 그동안의 자녀들에 대한 신앙 교육은 전적으로 교회 학교가 맡았었습니다. 그런데 교회 학교에서 이루어지는 교육은 기껏해야 1시간 동안 드리는 예배와 1시간 동안 하는 성경 공부가 전부였습니다. 그리고 나머지 시간은 누구도 책임지지 않았습니다. 그래서 저자는 우리 자녀들에 대한 신앙 교육이 일주일 중에 단 하루 그것도 길어야 두 시간 남짓밖에 되지 않은 것으로 그치는 것이 아니라 일주일 내내 이루어지게 하려면 부모 세대가 바로 서야 할 것을 주장합니다. 교회 학교에만 맡겨서는 안 되고 부모가 직접 신앙을 전수하기 위한 말씀 증거자, 제자 양육자, 신앙 교사가 되어야 한다는 것입니다. 이를 위해 성경의 원리를 따라 교회와 가정이 연계되어 부모가 자녀에게 신앙을 전수하고 가정과 교회가 하나 되어 다음 세대를 세우는 공식을 제공합니다. 또한 단순히 이론으로만 그치지 않고 여러 모델을 제시하여 실제적인 고민을 할 수 있도록 돕고 있습니다.

현용수의 「잃어버린 구약의 지상명령 쉐마 1」

저자는 그동안 구약을 기독교 교육학적으로 연구한 결과 구약에도 지상명령이 있다는 것을 발견했으니 그것이 바로 "쉐마"라고 소개합니다. 그러면서 구약의 지상명령이 나오게 된 신학적 배경이 무엇이며, 구약 시대 성도들이 이 지상명령을 어떻게 지켜 수행했는지를 설명합니다. 저자는 구약의 지상명령인 "쉐마"가 중요한 이유는 신약에 오실 예수님을 준비하는 과정이기 때문이라고 합니다. 그리고 현실적으로 가정에서 부모가 자녀에게 하나님의 말씀을 전수하여 가정과 교회가 자손 대대로 살아남도록 하기 위함이라고 합니다. 그래서 구약의 지상명령, "쉐마"를 통한 자녀 교육의 중요성을 강조하며, 이것을 미처 생각하지 못한 신약시대 성도들의 한계를 밝힙니다. 신약의 지상명령, 선교 사명은 잘 감당했지만 정작 가정에서의 자녀 교육은 실패했다는 것입니다. 신약의 성도들은 아브라함의 후손으로 하나님께서 아브라함에게 주셨던 구약의 지상 명령, "쉐마"와 신약에 예수님께서 주셨던 지상명령인 '세계 선교'를 균형과 조화를 맞추어 완수해야 한다고 하면서 하나님의 교육 방법인 "쉐마"교육의 필요성을 강조하고 있습니다.[178]

2) 가정 예배에 관한 책

도널드 휘트니(Donald S. Whitney)의 「오늘부터 가정 예배」

  이 책은 가정 예배의 방법론에 관해 기록한 책입니다. 저자는 이 책을 통하여 독자에게 가정의 신앙 양육을 누구에게 맡길 것인지를 묻습니다. 가족이 함께 드리는 예배를 믿음 생활의 기초로 여기고 있으며, 가정 예배를 통하여 하나님께서 주시는 은혜가 어떠한가를 가르쳐 줍니다. 자녀가 나이가 어리기 때문에 말씀을 제대로 이해하지 못할 것 같아도, 직장 일과 학교생활로 바쁘고 분주해도, 자녀들이 장성하여 부모 곁을 떠나 부부만 남아있을지라도, 가정 예배를 드릴 수 있음을 강조합니다. 그러면서 가정 예배의 성경적 이유와 역사적 배경들을 소개하면서 독자에게 실천에 이르도록 권면합니다. 특히 남편, 아버지의 자리가 가정 예배를 인도하는 자로 부름을 받은 자리임을 언급하면서 여기에는 어떤 특별한 기술이나 고차원적인 성경 해석하는 방법이 필요한 것이 아니라 단 10분일지라도 가족이 함께 모여서 성경을 읽고, 기도하고, 찬송하는 것으로도 충분히 가정 예배가 이루어질 수 있음을 강조합니다. 그래서 가정 예배에 관해 부담을 가질 법한 독자들에게 그 부담을 덜어주고 있으며, 이제는 차일피일 미룰 것이 아니라 현재의 실천이 꼭 필요함을 전하고 있습니다.

제임스 알렉산더(James W. Alxander)의 「가정 예배는 복의 근원입니다」

  이 책은 가정 예배에 대한 동기를 강하게 부여해 주는 책입니다.

현대 사회에서 가정이 깨어져 가는 일들이 만연하여 점점 가정의 중요성을 잃어가고 있는 세대에게 경각심을 불러일으켜 주고 있습니다. 특별히 세상은 더 심하게 타락해 가더라도 성도의 가정만큼은 절대로 주저앉아서는 안 됨을 강조합니다. 때로 가정 내에 위기가 찾아오더라도 하나님의 은혜를 구하면서 가정을 지키는 것이 성도의 본분임을 일깨워줍니다. 그리고 그렇게 경각심을 갖고 가정을 이끌어갈 방편으로 가정 예배를 소개합니다. 영적 전쟁터인 우리가 사는 이 세상에서 우리가 싸워 이기기 위해 매일같이 성령으로 충만해져야 하는데 그것이 한 번의 주일 예배로는 쉽지 않으므로 매일매일 가정에서 예배를 드려서 영적 재충전을 확보해야 할 것을 가르쳐 줍니다. 그리고 저자는 초대교회에 믿음의 가정이 모인 지역이 교회였던 것처럼 가정이 회복되고 모여 교회를 이룬다면 하나님께서 계획하신 그리스도의 몸을 회복하게 될 것이라는 희망을 불러일으키고 있습니다.

조엘 비키(Joel R. Beeke)의 「가정 예배」

하나님께서 영혼을 구원하기 위하여 많은 은혜의 방편들을 사용하는데, 그중에서 가정 예배를 통해 영혼을 구원한 사례가 많음을 강조하여 가정 예배가 영혼 구원에 필요한 도구임을 언급합니다. 믿는 부모의 자리는 가정 예배라는 방편을 통하여 자녀들을 믿음의 사람으로 키우는 것임을 소개하면서 만일 우리가 그렇게 하지 않았을 때 훗날 비극적인 일을 맞게 될 것이라 단언합니다. 그래서 믿음의 부모는 자녀 구원을 위해 모든 방편을 동원하여 사용하되 특히 가정 예배라는 좋은 방편을 사용해야 할 것을 당부한다. 하나님의 형상대로 지음을 받아 마땅히 하나님을 예배해야 할 피조물들이 하나님을 예배하기 위하여 최선을 다하는 것은 당연하며, 하나님께서 허락하신 가정을 하나님 중심으로 꾸려 나가는 것은, 지극히 소중한 것임을 전합니다. 그렇게 우리가 가정 예배에 충실할 때 하나님께서 우리 가정에 복을 주실 것을 확신하라고 권면합니다.

장대선의 「가정 예배」

스코틀랜드 장로교회의 총회에서 의결하여 인준한 지침과 규범인 가정 예배 모범을 소개하고 풀이하면서 가정 예배의 필요성에 관해 주장합니다. 당시 가정 예배를 얼마나 중요시했던지 이 예배 모범에는 "만일 가정 예배를 소홀히 한다면, 당회의 지침을 위반하는 그 강퍅함으로 인해 성찬을 받기에 합당치 못한 자로 간주하고 이를 뉘우치고 돌이키기까지 성찬 참여를 금함이 마땅하다"라고 소개하고 있습니다[179]. 특히 가정 예배의 실천과 성숙이 교회를 든든하게 세워가는 원천이라는 결론을 도출함으로써 교회는 개개의 가정을 믿음으로 이끄는 가장들을 잘 양육하고 지도해야 함을 피력합니다. 그리고 그렇게 세워진 가장들은 결국 목회자에게 든든한 동역자가 될 것이고, 교회의 중추적인 역할을 하는 일군들이 될 것이며 그렇게 교회가 건강하게 성장하게 될 것을 주장합니다.

유해무 외 6인의 「가정 예배, 어떻게 할 것인가?」

가정 예배에 관하여 각각의 저자들이 자신의 고민과 경험을 토대로 한 생각들을 담고 있습니다. 가정 예배의 역사와 유익, 가정 예배하는 방법, 가정 예배에 대한 제언 그리고 실제로 가정 예배 훈련을 목회에 도입해서 성도들이 가정 예배를 드리도록 적극적으로 실천하고 있는 교회들의 현장감 있는 실례들에 이르기까지 소개합니다. 특별히 교회가 성도들에게 가정 예배를 강조하여 가르치고 또 지속해서 관심을 보이며 목회적 방향으로 제시하면서 주도적으로 이끌어 가고 있는 모습을 소개함으로써 목회 현장에서 가정 예배를 접목하는 것이 어떠한가를 보여주고 있습니다.[180]

신형섭의 「가정 예배 건축학」

가정과 교회가 서로 이어져 다음 세대를 세우는 새로운 인식 구조로서의 목회로의 도전을 줍니다. 저자는 마틴 루터(Martin Luther), 존 칼빈(John Calvin) 등 종교개혁자들이 공통으로 "가정을 작은 교회가 되게 하라"고 했다고 하면서 교회가 하나님을 예배하는 곳이듯 부모들이 집에서 부지런히 성경과 기도를 가르쳐야 한다고 주장합니다. 주일에는 교회에서 예배를 드리고 주중에는 가정에서 신앙 훈련이 이루어지는 이 연계의 과정이 자녀 신앙에 큰 유익이 됨을 소개하고 있습니다.

케리 피텍(Kerry Ptacek)의 「아버지는 가정 목회자」

성경과 역사를 바탕으로 이 시대에 맞는 가정 예배의 원칙을 세우는 일을 하였던 저자가 가정을 천국의 모델로 만들고 싶어 하는 이들의 간절한 바람을 가진 이들에게 과연 어떻게 하면 섬기는 가정과 그 가정에 세우신 가장이 하나님의 뜻대로 이 가정을 섬길 수 있는지에 대한 도움을 제시해 주고 있습니다. 저자는 가정 예배가 바로 그 답이라고 말합니다. 가정은 하나님과의 언약 관계에 있으므로 하나님의 뜻을 구해야 하는데 그 행위가 바로 가정에서 드리는 예배라는 것입니다. 그러면서 가정 예배의 역사와 가정 예배를 드리는 구체적인 방법들까지 제시하고 있습니다.

클라이드 M. 네레모어(Clyde M. Narramore)의 「가족 예배는 이렇게」

가정 예배의 유익과 실행 방법에 관한 내용을 간결하고도 실제로 제시하고 있습니다. 특별히 가정 예배의 장애물들에 대한 소개와 이를 극복하는 방법과 실례를 구체적으로 소개하여 주고 있습니다.[181] 이를 통해 가정 예배 장애 요인과 극복에 관한 도움을 얻을 수 있습니다.

부록2_ 가정 예배 준비 점검표

1	예배 시간 – 가족들이 모이기에 가장 적합한 시간을 정하고 시간을 엄수합니다.
2	예배 장소 – 예배드리기에 가장 좋은 장소를 정합니다.
3	예배 인도자와 참여자 – 하나님을 의지하는 마음과 가족을 사랑하는 마음으로 예배에 임합니다.
4	대표 기도자 – 대표 기도 순서를 맡은 사람은 미리 기도 내용을 준비합니다.
5	예배 복장 – 가정에서 드리는 예배도 예배이니 단정한 옷차림을 합니다.
6	가정 예배 소요 시간 – 시간이 너무 지연되거나 너무 짧지 않도록 합니다.
7	성경과 찬송, 교재를 지참합니다.
8	예배 방해 요소 – 예배에 방해가 되지 않도록 주변을 살핍니다. 예) TV, 핸드폰, 반려동물 등.
9	헌금 – 구제나 선교의 목적으로 헌금을 합니다.
10	기도 제목 – 가족 구성원이 서로의 형편을 이해할 수 있게 함께 나눌 기도 제목을 준비합니다.

부록 3_ 피드백 질문

1. 평소 가정에서 가정 예배를 드리고 있습니까?

① 드리지 않는다 ② 특별한 날이나 명절 때만 ③ 월 1회 이상 ④ 주 1회 이상

2. 가정 예배에 관한 본인의 생각은 무엇입니까?

① 꼭 필요하지 않다(공예배로 만족) ② 필요하다 ③ 가정 예배는 어렵다

④ 가정 예배를 드리고 싶다

3. 가정 예배를 드리기 어려운 이유를 무엇이라고 생각합니까?

① 필요성을 못 느낀다 ② 방법을 모른다 ③ 모이기 어렵다 ④ 종교가 같지 않다

4. 가정 예배를 통해 기대하는 것은 무엇입니까?

① 온 가족의 모임 ② 가족의 대화 ③ 가족의 신앙 성장 ④ 자녀의 신앙 계승

5. 가정 예배 훈련을 통해 가정 예배의 중요성을 알게 되었습니까?

① 매우 그렇다 ② 그렇다 ③ 그렇지 않다 ④ 매우 그렇지 않다

6. 가정 예배 훈련을 통해 가정 예배 방해 요인이 무엇인지 알게 되었습니까?

① 매우 그렇다 ② 그렇다 ③ 그렇지 않다 ④ 매우 그렇지 않다

7. 가정 예배 훈련을 통해 기독교 가정의 모습에 대해 알게 되었습니까?

① 매우 그렇다 ② 그렇다 ③ 그렇지 않다 ④ 매우 그렇지 않다

8. 가정 예배 훈련을 통해 가정 예배의 성경적 근거에 대해 알게 되었습니까?

① 매우 그렇다 ② 그렇다 ③ 그렇지 않다 ④ 매우 그렇지 않다

9. 가정 예배 훈련을 통해 가정 예배의 역사에 대해 알게 되었습니까?

① 매우 그렇다 ② 그렇다 ③ 그렇지 않다 ④ 매우 그렇지 않다

10. 가정 예배 훈련을 통해 가정 예배의 원리에 대해 알게 되었습니까?

① 매우 그렇다 ② 그렇다 ③ 그렇지 않다 ④ 매우 그렇지 않다

11. 가정 예배 훈련을 통해 가정 예배의 효과에 대해 알게 되었습니까?

① 매우 그렇다 ② 그렇다 ③ 그렇지 않다 ④ 매우 그렇지 않다

12. 가정 예배 훈련을 통해 부모의 역할에 대해 알게 되었습니까?

① 매우 그렇다 ② 그렇다 ③ 그렇지 않다 ④ 매우 그렇지 않다

13. 가정 예배 훈련 이후 가정 예배 실행의 실제적 방법에 대해 알게 되었습니까?

① 매우 그렇다 ② 그렇다 ③ 그렇지 않다 ④ 매우 그렇지 않다

14. 가정 예배 훈련 이후 가정 예배를 드릴 수 있는 역량을 키우기 위해 노력하였습니까?

① 매우 그렇다 ② 그렇다 ③ 그렇지 않다 ④ 매우 그렇지 않다

15. 가정 예배 훈련 이후 가정 예배 정착을 위한 교회의 역할에 대해 알게 되었습니까?

① 매우 그렇다 ② 그렇다 ③ 그렇지 않다 ④ 매우 그렇지 않다

16. 가정 예배 훈련 이후 가정 예배 실천을 위해 노력하게 되었습니까?

① 매우 그렇다 ② 그렇다 ③ 그렇지 않다 ④ 매우 그렇지 않다

17. 다른 이에게 가정 예배 훈련의 참여를 권유하시겠습니까?

① 매우 그렇다 ② 그렇다 ③ 그렇지 않다 ④ 매우 그렇지 않다

18. 가정 예배 훈련이 필요하다고 생각합니까?

① 예 ② 아니오

19. 필요하다고 생각을 한다면, 그 이유는 무엇입니까?

① 가정 화목 ② 신앙 성장 ③ 자녀 신앙 교육 ④ 교회 봉사

20. 더 개선된 가정 예배 훈련을 위해 필요한 것은 무엇이라고 생각합니까?

① 참여자의 열정 ② 준비된 계획 ③ 훈련된 리더 ④ 홍보

주

주

1주

1 김득룡,「현대 목회 실천론 신강」(서울: 총신대 출판부, 1990), 330.

2 김득룡,「현대 목회 실천론 신강」, 331.

3 김득룡,「현대 목회 실천론 신강」, 332.

4 「라이프 성경 사전」(서울: 생명의말씀사, 2006), 866.

5 김소영,「현대 예배학」(서울: 한국장로교출판사, 1977), 33.

6 정장복,「예배학 개론」(서울: 예배와 설교아카데미, 2001), 16.

7 신기철, 신용철 편저「새 우리말 큰 사전」vol. 2 (서울: 삼성출판사, 1986), 2404.

8 「기독교 대백과사전」(서울: 기독교문사, 1980), 802.

9 「기독교 대백과사전」, 802.

10 James W. Alexander,「가정 예배는 복의 근원입니다」, 임종원 역 (서울: 미션월드라이브러리, 2003), 11.

11 주선애, "교회 교육에 있어서 부모 교육",「교육 교회 92호」(1983.5), 44.

12 Archibald. A. Hodge,「웨스트민스터 신앙 고백」, 김종률 역 (서울: 크리스찬다이제스트, 1996), 366.

13 Archibald. A. Hodge,「웨스트민스터 신앙 고백」, 469.

14 장대선,「가정 예배」(서울: 고백과 문답, 2017), 33-34.

15 Edith Deen,「성경적 가정관」, 도한호 역 (서울: 요단출판사, 1981), 17.

16 설은주,「가정공동체 교육의 실제」(서울: 예영커뮤니케이션, 1997), 143.

17 신형섭,「자녀 마음에 하나님을 새기라」(서울: 두란노, 2020), 51.

18 신형섭,「가정 예배 건축학」, (서울: 장로회신학대학교 출판부, 2017), 13.

19 Horace Bushnell, *Christian Nurture*, (Grand Rapid: Baker Book House, 1978), 335.

20 반피득,「기독교 교육」(서울: 대한 기독교 출판사, 1980), 285.

21 Wayne Grudem,「성경 핵심 교리」, 김광열, 곽철근 역 (서울: 기독교문서선교회, 2004), 634.

2주

22 김미경,「기독교 가정 교육」(서울: 대한예수교장로회총회, 2006), 106.

23 양금희 외,「기독교 가정의 신앙의 대 잇기를 위한 메뉴얼」(서울: 장로회신학대학교 기독

교 교육연구원, 2011), 15.

24 반피득, 「기독교 교육」, 285.

25 정수자, 이은숙, 「기독교 가정 교육학」(서울: 엠마오, 1989), 265.

26 Kerry Pateck, 「아버지는 가정 목회자」, 김시완, 윤혜란 역 (서울: 미션월드라이브러리 2003), 9.

27 김상훈, "성경에서 보는 가정 예배", 「상담과 선교 36호」, (2002.6), 6-22.

28 James W. Alexander, 「가정 예배는 복의 근원입니다」, 34.

29 Clyde M. Narramore, 「가족 예배는 이렇게」, 백인숙 역 (서울: 나침반사, 1982), 8-11.

30 설은주, 「가정 공동체 교육의 실제」, 143-144.

31 Clyde M. Narramore, 「가족 예배는 이렇게」, 25-32.

32 설은주, 「가정공동체 교육의 실제」, 148.

33 유해무 외, 「가정 예배 어떻게 할 것인가?」(서울: 생명의 양식, 2018), 111-112.

34 James W. Alexander, 「가정 예배는 복의 근원입니다」, 171-80.

35 Voddie Baucham Jr., 「가정아, 믿음의 심장이 되어라」, 이명숙 역 (서울: 미션월드라이브 러리, 2008), 194-200.

36 Joel R Beeke, 「언약 자손으로 양육하라」, 김진선 역 (서울: 성서유니온, 2015), 63.

37 Donald S. Whitney, 「오늘부터 가정 예배」, 80-81.

3주

38 Edith Deen, 「성서적 가정관」, 125-126.

39 John Calvin, 「칼빈 성경 주석 1: 창세기」, 존 칼빈 성경 주석 출판위원회 편역 (서울: 성 서연구원, 2012), 315.

40 송병현, 「엑스포지멘터리 창세기」(국제 제자훈련원, 2010), 288.

41 John Calvin, 「칼빈 성경 주석 1: 창세기」, 315.

42 Gordon J. Wenham, 「WBC 성경 주석 창세기(하)」, 윤상문, 황수철 역 (서울: 솔로몬, 2001), 141.

43 John Calvin, 「칼빈 성경 주석 1: 창세기」, 316.

44 현용수, 「주일 가정식탁예배 예식서」(서울: 도서출판 쉐마, 2013), 93-95.

45 Edith. Deen, 「성서적 가정관」, 222.

46 Edward. Hericks, 「기독교 교육학 개론」, 성정숙 역(서울: 성광문화사,1979), 492.

47 권혁승, 「고대 이스라엘의 가정생활」(부천: 서울신학대학교 출판부, 2010), 82-83.

48 은준관, 「교육 신학」(서울: 대한기독교서회, 1978), 97.

49 Joel R. Beeke, 「하나님의 약속을 따르는 자녀 양육」, 조계광 역 (서울: 지평 서원, 2012), 176.

50 Joel R. Beeke, 「하나님의 약속을 따르는 자녀 양육」, 178.

51 G. Rawlinson, 「풀핏 성경 주석 욥기(상) 」, 장병일 역 (대구: 보문출판사, 1983), 41.

52 Joel R. Beeke, 「하나님의 약속을 따르는 자녀 양육」, 181.

53 Joel R. Beeke, 「하나님의 약속을 따르는 자녀 양육」, 180.

54 Joel R. Beeke, 「하나님의 약속을 따르는 자녀 양육」, 180.

55 William D. Mounce, 「WBC 성경 주석: 목회 서신」, 채천석, 이덕신 역 (서울: 솔로몬, 2009), 918.

56 William D. Mounce, 「WBC 성경 주석: 목회 서신」, 1065.

4주

57 김소영, 「현대 예배학」, 32.

58 정웅섭, 「기독교 교육 개설」(서울: 대한기독교교육협회, 1976), 16.

59 정웅섭, 「기독교 교육 개설」, 19-20.

60 박경수, 「교회사 클래스」(서울: 대한기독교서회, 2010), 87.

61 유해무 외 6인, 「가정 예배, 어떻게 할 것인가?」, 24.

62 유해무 외 6인, 「가정 예배, 어떻게 할 것인가?」, 25.

63 신형섭, 「가정 예배 건축학」, 33.

64 정정숙, "기독교 가정의 신학적 기초", 「개혁신학」(1979), 198.

65 신형섭, 「가정 예배 건축학」, 33.

66 신형섭, 「가정 예배 건축학」, 107.

67 장대선, 「교회를 세우는 가정 예배」, 16.

68 James W. Alexander, 「가정 예배는 복의 근원입니다」, 21.

69 유해무 외 6인, 「가정 예배, 어떻게 할 것인가?」, 61.

70 James W. Alexander, 「가정 예배는 복의 근원입니다」, 25.

71 James I. Packer, 「청교도 사상」, 박영호 역(서울: 기독교문서선교회, 1992),357.

72 James I. Packer, 「청교도 사상」, 358.

73 황기식, 「청교도의 거룩한 삶의 실천」(서울: 쿰란, 2009), 104.

74 Leland Ryken, 「청교도 이 세상의 성자들」, 김성욱 역(서울: 생명의말씀사, 2003), 186.

75 황기식, 「청교도의 거룩한 삶의 실천」, 104.

76 Leland Ryken, 「청교도 이 세상의 성자들」, 187.

77 Charles M. Sell, 「가정 사역」, 양은순 역 (서울: 생명의말씀사, 1994), 303-304.

78 박성희, "가정 예배 그 처음의 열정을 회복하자," 아름다운 동행, [온라인 자료] http://www.iwithjesus.com/news/articleView.html?idxno=2256

79 곽안련, 「목회학」 (서울: 대한기독교서회, 2006), 133-134.

80 김호경, "목회 비전과 가정 예배를 연계한 신앙 교육",(장로회신학대학교 대학원 박사학위 논문, 2018), 66.

81 김호경, "목회 비전과 가정 예배를 연계한 신앙 교육", 66.

82 박형룡, 「박형룡 박사 저작 전집VI」, (서울: 한국기독교 교육연구소, 1983), 380-381.

83 대한예수교장로회총회, 「헌법」(서울: 대한예수교장로회출판부, 2015), 260-261.

5주

84 「민중 엣센스 국어사전」(서울: 민중서림, 2003), 14.

85 설은주, 「가정 사역론」(서울: 예영커뮤니케이션, 1997), 100-102.

86 유영규, 「가족 관계학」 (서울: 교문사, 1983), 13.

87 최정웅 외 3인, 「교육학 개론」(파주: 양서원, 2004), 140.

88 설은주, 「가정 사역론」, 103-104.

89 정정숙, 「성경적 가정 사역」, (서울: 도서출판 베다니, 1994),82.

90 정정숙, 「성경적 가정 사역」, 91.

91 은준관, 「기독교 교육 현장론」(서울: 대한 기독교 출판사, 1993), 82.

92 정정숙, 「성경적 가정 사역」, 70.

93 정정숙, 「성경적 가정 사역」, 102.

94 Louis Berkhof, 「조직신학」, 권수경 외 역(서울: 크리스챤다이제스트, 1991), 202.

95 정정숙「성경적 가정 사역」, 103.

96 서철원, 「하나님 나라」(서울: 총신대 출판부, 1993), 13.

97 김지철, "하나님의 가족으로서의 가정" 「교회와 신학 34호」, (1998, 9), 9-11.

98 전풍자, 「가정 교육론」(서울: 기독교 교육협회, 1984), 182.

99 최경성, 「가정 천국의 열쇠」(서울: 백합출판사, 1991), 44.

100 정정숙, 「성경적 가정 사역」, 86.

101 Jay E. Adams, 「성경이 가르치는 결혼, 이혼 그리고 재혼」, 김성혜 역 (서울: 도서출판 베다니, 1994), 46.

102 은준관, 「교육 신학」, 88.

103 정정숙, 「성경적 가정 사역」, 75.

104 정정숙, 「성경적 가정 사역」, 76.

105 Gene A. Getz, 「바른 가정생활의 비결」, 노희준 역 (서울: 새순 출판사, 1985), 14.

106 이동원, 「새 가정 행전」(서울: 규장, 1999), 34-36.

107 설은주, 「가정 사역론」, 47-49.

108 현용수, 「잃어버린 구약의 지상명령 쉐마 1」(서울: 도서출판 쉐마, 2006), 100.

109 정정숙, 「성경적 가정 사역」, 104-106.

110 정정숙, 「성경적 가정 사역」, 80-81.

111 엄예선, 「한국 사회와 가정 사역」(서울: 생명의말씀사, 2007), 112-124.

112 박영선, 「평신도를 위한 신학 입문」(서울: 엠마오, 1992), 191-204.

113 설은주, 「가정 사역론」, 47.

6주

114 김관호, "A Study on the Impact of Family Worship upon Spirituality and Church Life, 가정 예배가 교회 활동에 끼친 영향," University of Dubuque 박사학위논문, 2000), 50.

115 정웅섭, 「기독교 교육의 이론과 실제」(서울: 대한 기독교 출판사, 1981), 184.

116 주선애, "교회 교육에 있어서의 부모 교육", 「교육 교회 92권」(1983.5), 244.

117 Lewis J. Sherrill, 「기독교 교육의 발생」, 이숙종 역 (서울: 대한기독교서회, 1994), 50.

118 Richard Baxter, 「기독교 생활 지침 3」, 박홍규 역 (서울: 부흥과 개혁사, 2019), 192.

119 Elmer L. Towns, 「인물 중심의 종교 교육사」, 임영금 역 (서울: 대한예수교장로회총회 교육부, 1984), 432.

120 전풍자, 「가정 교육론」, 183-184.

121 Richard Baxter, 「기독교 생활 지침 3」, 189.

122 현용수, 「유대인의 인성 교육 노하우 1」, (서울: 도서출판 쉐마, 2006), 74-75.

123 채경선, "기독교 부모의 자기 성장을 기반으로 한 부모 역할 증진 프로그램 개발", (숙명 여자대학교 대학원, 2006), 36.

124 채경선, "기독교 부모의 자기 성장을 기반으로 한 부모 역할 증진 프로그램 개발", 39.

125 최정민, "기독교 부모 역할의 역사적 변천에 관한 연구", (장로회신학대학교 대학원, 2015), 172.

126 양금희, 「종교 교육과 교육 사상」, (서울: 한국장로교출판사, 1999), 58-59, 140-141.

127 신형섭, 「자녀 마음에 하나님을 새기라」, 23.

128 정정숙, 「성경적 가정 사역」, 244.

129 현용수, 「신앙 명가 이렇게 세워라」, (서울: 도서출판 쉐마, 2011), 201.

130 권혁승, 「고대 이스라엘의 가정생활」, 83.

131 주선애, "교회 교육에 있어서의 부모 교육", 245.

132 정정숙, 「성경적 가정 사역」, 244.

133 정정숙, 「성경적 가정 사역」, 245.

134 정정숙, 「성경적 가정 사역」, 245.

135 Horace Bushnell, *Christian Nurture*, 106-107.

136 채경선, "기독교 부모의 자기 성장을 기반으로 한 부모 역할 증진 프로그램 개발", 35.

7주

137 Gene A. Getz, 「가정은 작은 교회며 교회는 큰 가정입니다」, 정광욱 역 (서울 : 도서출판 만나 1992), 120-122.

138 Ken R. Canfield, 「좋은 아빠의 7가지 비밀」, 181.

139 신형섭, 「자녀 마음에 하나님을 새기라」, 82-83.

140 William Barclay, 「고대 세계의 교육 사상」, 유재덕 역 (서울: 기독교문서선교회, 1985), 13.

141 William Gouge, *Of Domestical Duties* (London: STC 12119, 1622), 18.

142 John Bunyan, *Grace Abounding to the Chief of Sinners* (London: Allen & Urwin, 1907), 50.

143 Richard Baxter, *Practical Works* (1673: 4:231), Ken R. Canfield. 「좋은 아빠의 7가지 비밀」. 안효선 역 (서울: 에스라서원, 1999). 182에서 재인용.

144 Richard Baxter, *Practical Works*, 190-4.

145 권혁승, 「고대 이스라엘의 가정생활」, 46.

146 Richard Baxter, 「기독교 생활 지침 3」, 84.

147 Richard Baxter, 「기독교 생활 지침 3」, 118.

148 설은주, 「가정 사역론」, 197.

149 최정민, "기독교 부모 역할의 역사적 변천에 관한 연구", 17.

150 채경선, "기독교 부모의 자기 성장을 기반으로 한 부모 역할 증진 프로그램 개발", 34.

151 채경선, "기독교 부모의 자기 성장을 기반으로 한 부모 역할 증진 프로그램 개발", 36.

152 Willem Vangemeren, "언약은 삶과 가정을 위한 기본구조", 목회와 신학 편집부 역, 「목회와 신학」, 90호 1996, 12. 188-192.

153 John H. Westerhoff, 「기독교 신앙과 자녀 양육」, 이숙종 역 (서울: 대한기독교서회, 1991), 23-40.

154 신형섭,「자녀 마음에 하나님을 새기라」, 120.

155 호남신학대학교 편, 「신앙이란 무엇인가?」 (서울: 처음, 1997), 194-5. 김호경, "목회 비 전과 가정 예배를 연계한 신앙 교육",(박사학위논문, 장로회신학대학교, 2018), 37. 에서 재인용.

156 대한예수교장로회총회교육부,「하나님의 나라와 가정」(서울: 한국장로교출판사, 2002), 459.

157 방현덕,「기독교 가정 교육론」(서울: 바울서신사, 1985), 241.

158 정정숙,「성경적 가정 사역」, 265.

159 정정숙,「성경적 가정 사역」, 260-261.

160 정정숙,「성경적 가정 사역」, 261-264.

161 정정숙,「성경적 가정 사역」, 277.

162 정정숙,「성경적 가정 사역」, 264-265.

8주

163 Gene A. Getz,「가정은 작은 교회며 교회는 큰 가정입니다」, 18.

164 정정숙,「성경적 가정 사역」, 47-48.

165 정정숙,「성경적 가정 사역」, 47.

166 주선애, "교회 교육에서의 부모 교육", 244.

167 박진숙, "가정 예배를 세우기 위한 교회의 교육적 방안",「성경과 신학 68호」, (2013. 3), 1-26.

168 조진형, "가정 회복으로서의 가정 예배",「교회와 신앙」, (1994.5), 74.

9주

169 김소영,「현대 예배학 개론」, 44.

170 Richard Baxter,「기독교 생활 지침 3」, 94.

171 박도훈,「행복이 있는 풍경」(서울 : 예루살렘, 2003), 15-16.

172 설은주,「가정 사역론」, 516-517.

173 Joel R. Beeke,「가정 예배」, 42.

174 James W. Alexander,「가정 예배는 복의 근원입니다」, 142.

175 Gene A. Getz, 「가정생활의 지혜」, 보이스출판사 편집부 역 (서울: 보이스사, 1979), 160-167.

부록

176 Charles M. Sell, 「가정 사역」, 102.

177 Richard Baxter, 「기독교 생활 지침 3: 가정 윤리」, 109.

178 현용수, 「잃어버린 구약의 지상명령 쉐마 1」, 62-63.

179 장대선, 「가정 예배」(서울: 고백과 문답, 2017), 21.

180 유해무 외, 「가정 예배, 어떻게 할 것인가?」, 143-193.

181 Clyde M. Narramore, 「가족 예배는 이렇게」, 25-32.

참고 문헌

1. 단행본 및 번역서

곽안련, 「목회학」(서울: 대한기독교서회, 2006).

권혁승, 「고대 이스라엘의 가정 생활」(부천: 서울 신학대학교출판부, 2010).

김득룡, 「현대 목회 실천론 신강」(서울: 총신대학교출판부, 1990).

김미경, 「기독교 가정교육」(서울: 대한예수교장로회총회출판부, 2006).

김소영, 「현대 예배학」(서울: 한국장로교출판사, 1977).

대한예수교장로회총회교육부, 「하나님의 나라와 가정」(서울: 한국장로교출판사, 2002).

대한예수교장로회 총회, 「헌법」(서울: 대한예수교장로회출판부, 2015).

박경수, 「교회사 클래스」(서울: 대한기독교서회, 2010).

박도훈, 「행복이 있는 풍경」(서울: 예루살렘, 2003).

박영선, 「평신도를 위한 신학 입문」(서울: 엠마오, 1992).

박형룡, 「박형룡 박사 저작 전집VI」(서울: 한국기독교교육연구소, 1983).

반피득, 「기독교교육」(서울: 대한기독교출판사, 1980).

방현덕, 「기독교 가정교육론」(서울: 바울 서신사, 1985).

서철원, 「하나님 나라」(서울: 총신대학교출판부, 1993).

설은주, 「가정 공동체 교육의 실제」(서울: 예영커뮤니케이션, 1997).

설은주, 「가정 사역론」(서울: 예영커뮤니케이션, 1997)

신형섭, 「가정 예배 건축학」(서울: 장로회신학대학교 출판부, 2017).

신형섭, 「자녀 마음에 하나님을 새기라」(서울: 두란노, 2020).

양금희 외, 「기독교 가정의 신앙의 대 잇기를 위한 매뉴얼」(서울: 장로회신학대학교 기독교
교육연구원, 2011).

양금희, 「종교 교육과 교육사상」(서울: 한국장로교출판사, 1999).

엄예선, 「한국사회와 가정 사역」(서울: 생명의말씀사, 2007).

유영규, 「가족 관계학」(서울: 교문사, 1983).

유해무 외, 「가정 예배 어떻게 할 것인가?」(서울: 생명의 양식, 2018).

은준관, 「교육 신학」(서울: 대한기독교서회, 1978).

은준관, 「기독교 교육 현장론」(서울: 대한기독교출판사, 1993).

이동원,「새 가정 행전」(서울: 규장, 1999).

장대선,「가정 예배」(서울: 고백과 문답, 2017).

전풍자,「가정 교육론」(서울: 기독교교육협회, 1984).

정수자, 이은숙,「기독교 가정 교육학」(서울: 엠마오, 1989).

정웅섭,「기독교 교육 개설」(서울: 대한 기독교 교육협회, 1976).

정웅섭,「기독교교육의 이론과 실제」(서울: 대한기독교출판사, 1981).

정장복,「예배학 개론」(서울: 예배와 설교아카데미, 2001).

정정숙,「성경적 가정 사역」(서울: 도서출판 베다니, 1994).

최경성,「가정 천국의 열쇠」(서울: 백합 출판사, 1991).

최정웅 외,「교육학 개론」(파주: 양서원, 2004).

현용수,「신앙 명가 이렇게 세워라」(서울: 도서출판 쉐마, 2011).

현용수,「유대인의 인성교육 노하우 1」(서울: 도서출판 쉐마, 2006).

현용수,「잃어버린 구약의 지상명령 쉐마1」(서울: 도서출판 쉐마, 2009).

현용수,「주일 가정 식탁 예배 예식서」(서울: 도서출판 쉐마, 2013).

황기식,「청교도의 거룩한 삶의 실천」(서울: 쿰란, 2009).

Adams, E. Jay.「성경이 가르치는 결혼, 이혼 그리고 재혼」. 김성혜 역. (서울: 도서출판베다니, 1994).

Alexander, W. James.「가정 예배는 복의 근원입니다」. 임종원 역. (서울: 미션월드라이브러리, 2003).

Barclay, William.「고대세계의 교육사상」. 유재덕 역. (서울: 기독교문서선교회, 1985).

Baucham Jr., Voddie.「가정아, 믿음의 심장이 되어라」. 이명숙 역. (서울: 미션월드라이브러리, 2008).

Baxter, Richard.「기독교 생활 지침3」. 박홍규 역. (서울: 부흥과 개혁사, 2019).

Beeke, R. Joel.「언약 자손으로 양육하라」. 김진선 역. (서울: 성서 유니온, 2015).

Beeke, R. Joel.「하나님의 약속을 따르는 자녀양육」. 조계광 역. (서울: 지평서원, 2012).

Berkhof, Louis.「조직신학」. 권수경 외 역. (서울: 크리스천다이제스트, 1991).

Canfield, R. Ken.「좋은 아빠의 7가지 비밀」. 안효선 역. (서울: 에스라 서원, 1999).

Deen, Edith.「성경적 가정관」. 도한호 역. (서울: 요단출판사, 1981).

Getz, A. Gene.「가정 생활의 지혜」. 보이스출판사 편집부 역. (서울: 보이스사, 1979).

Getz, A. Gene.「바른 가정생활의 비결」. 노희준 역. (서울: 새순출판사, 1985).

Getz, A. Gene.「가정은 작은 교회며 교회는 큰 가정입니다」. 정광욱 역. (서울: 도서출판 만나 1992).

Grudem, Wayne. 「성경핵심교리」. 김광열, 곽철근 역. (서울: 기독교 문서 선교회, 2004).

Hericks, Edward. 「기독교 교육학 개론」. 정정숙 역. (서울, 성광문화사, 1979).

Hodge, A. Archibald. 「웨스트민스터 신앙 고백」. 김종률 역. (서울: 크리스찬다이제스트, 1996).

Lewis J. Sherrill . 「기독교 교육의 발생」. 이숙종 역. (서울: 대한기독교서회, 1994).

Narramore , M. Clyde . 「가족 예배는 이렇게」. 백인숙 역. (서울: 나침반사, 1982).

Packer, I. James. 「청교도 사상」. 박영호 역. (서울: 기독교 문서 선교회, 1992).

Pateck, Kerry. 「아버지는 가정 목회자」. 김시완, 윤혜란 역. (서울: 미션월드라이브러리, 2003).

Ryken, Leland. 「청교도 이 세상의 성자들」. 김성욱 역. (서울: 생명의말씀사, 2003). Sell, M. Charles. 「가정 사역」. 양은순 역. (서울: 생명의말씀사, 1994).

Towns, L. Elmer. 「인물 중심의 종교 교육사」. 임영금 역. (서울: 대한예수교장로회총회교육부, 1984).

Whitney, S. Donald. 「오늘부터 가정 예배」. 윤종석 역. (서울: 복 있는 사람, 2017).

Westerhoff, H. John. 「기독교 신앙과 자녀 양육」. 이숙종 역.(서울: 대한기독교서회, 1991).

2. 영서

Bunyan, John. *Grace Abounding to the Chief of Sinners*, (London; Allen & Urwin, 1907).

Bushnell, Horace. *Christian Nurture*, (Grand Rapids: Baker Book House, 1978).

Gouge, William. *Of Domestical Duties*, (London; STC 12119, 1622).

3. 정기간행물

김상훈, "성경에서 보는 가정 예배", 「상담과 선교」 36호. 2002년 6월.

김지철, "하나님의 가족으로서의 가정", 「교회와 신학」, 34호. 1998년 9월.

박진숙, "가정 예배를 세우기 위한 교회의 교육적 방안", 「성경과 신학」, 68호. 2013년.

정정숙, "기독교 가정의 신학적 기초", 「개혁신학」, 1979년.

조진형, "가정 회복으로서의 가정 예배", 「교회와 신앙」, 1994년 5월.

주선애, "교회 교육에 있어서 부모교육", 「교육 교회」 1983년 92호.

Vangemeren, Willem. "언약은 삶과 가정을 위한 기본구조" 목회와 신학 편집부 역, 「목회와 신학」 90호 1996년 12월.

4. 사전 및 주석류

「기독교 대백과사전」. (서울: 기독교문사, 1980).

「라이프성경사전」. (서울: 생명의말씀사, 2006).

「민중 엣센스 국어사전」. (서울: 민중서림, 2003).

송병현, 「엑스포지멘터리 창세기」. (서울: 국제제자훈련원, 2010).

신기철, 신용철, 「새 우리말 큰 사전」. (서울: 삼성출판사, 1986).

Calvin, John. 「칼빈 성경주석 1: 창세기」. 존 칼빈 성경주석 출판위원회 편역. (서울: 성서 연구원, 2012).

Mounce, D. William. 「WBC 성경 주석: 목회서신」. 채천석, 이덕신 역. (서울: 솔로몬, 2009).

Rawlinson, George. 「풀핏 성경 주석 욥기(상)」. 장병일 역. (대구: 보문 출판사, 1983).

Wenham, J. Gordon. 「WBC 성경 주석: 창세기(하)」. 윤상문, 황수철 역. (서울: 솔로몬, 2001).

5. 학위 논문

김관호. "A Study on the Impact of Family Worship upon Spirituality and Church Life, 가정 예배가 교회 활동에 끼친 영향". 박사학위 논문, University of Dubuque, 2000.

김호경. "목회 비전과 가정 예배를 연계한 신앙교육". 박사학위논문, 장로회신학대학교대학 원, 2018.

채경선. "기독교 부모의 자기 성장을 기반으로 한 부모 역할 증진 프로그램 개발". 박사학위논 문, 숙명여자대학교대학원, 2006.

최정민. "기독교 부모 역할의 역사적 변천에 관한 연구". 박사학위논문, 장로회신학대학교대 학원, 2015.

6. 온라인 자료

아름다운 동행, "가정 예배 그 처음의 열정을 회복하자" [온라인 자료]
http://www.iwithjesus.com/news/articleView.html?idxno=2256.